Jürgen H. Schmidt

# Weihnachten ohne Jesus?

Den Grund für Weihnachten neu entdecken

Im Gedenken an
meine Mutter Johanna Schmidt.
Ihr Glaube an Jesus Christus hat ihr
in der Zeit schwerer Erkrankung
Halt und Kraft gegeben – und ihr geholfen
diese Welt loszulassen – in der Hoffnung
auf eine bessere Welt, in der Gott
jede Träne von ihren Augen abwischen wird,
in der es weder Tod, noch Trauer,
noch Geschrei, noch Schmerz geben wird
(Offenbarung 21,4).

Herzlich danken möchte ich
Martha, der besten Ehefrau,
sowie meiner Tante, Elisabeth Flaig,
die das Manuskript gelesen und korrigiert haben.

Jürgen H. Schmidt

# Weihnachten ohne Jesus?

Den Grund für Weihnachten
neu entdecken

**Bibliografische Information der Deutschen Nationalbibliothek**
Die Deutsche Nationalbibliothek verzeichnet diese Publikation in der
Deutschen Nationalbibliografie; detaillierte bibliografische Daten sind
im Internet über http://dnb.d-nb.de abrufbar.

ISBN 978-3-8391-1721-7

Alle Bibelzitate sind der
Elberfelder Übersetzung (Edition CSV Hückeswagen) entnommen.
Christliche Schriftenverbreitung Hückeswagen
www.csv-verlag.de
Verwendung der Bibelübersetzung mit freundlicher Genehmigung

Herstellung und Verlag: Books on Demand GmbH, Norderstedt
Titelbild: Jürgen H. Schmidt

# Inhalt

# Anwesenheit unerwünscht?

Als Kind habe ich sehr gerne Weihnachten gefeiert. Ich glaube, Weihnachten war – außer meinem Geburtstag – der Tag im Jahr, den ich mir am sehnlichsten herbei gewünscht habe. Da ich den größten Teil meiner Kindheit als Einzelkind aufgewachsen bin (mein Schwesterherz wurde erst geboren, als ich schon fast vierzehn Jahre alt war), habe ich besonders die Feier des Heiligen Abends bei meinen Großeltern sehr genossen. Mit dabei waren auch die jüngeren Brüder meiner Mutter, die für mich nicht so sehr Onkel, sondern eher wie große Brüder waren. Ich genoss das Zusammensein als "Großfamilie", und freute mich natürlich besonders auf und über die Geschenke!

Aufgrund der Weihnachtskrippe, die jedes Jahr in der Dorfkirche aufgebaut wurde, wusste ich, dass Weihnachten mit Jesus zu tun hatte. Aber noch war mir nicht bewusst, was das Kommen Jesu mit *mir* zu tun hatte, außer, dass die Geschenke, die ich an Weihnachten erhielt, in irgendeiner Beziehung dazu standen. Erst im Alter von fast einundzwanzig Jahren wurde mir klar, was das Kommen Jesu für *mich* persönlich bedeutete. Ich verstand auf einmal, warum Jesus selbst sagte: *„Denn so hat Gott die Welt geliebt, dass er seinen eingeborenen Sohn gab, damit jeder, der an ihn glaubt, nicht verloren gehe, sondern ewiges Leben habe."* (Johannes 3,16). Er selbst war Gottes großes Geschenk und Liebesbeweis an eine Welt, die ihm den Rücken gekehrt hatte!

Das Verstehen dieser Bedeutung von Jesu Kommen hat mein Leben seither völlig umgekrempelt. Ich verstand nicht nur, dass Gott auch mich ganz persönlich meint, sondern auch, dass dies Auswirkungen auf meine Art zu leben hat. Und so kam es, dass Gott anfing, mich Wege zu führen, die ich mir nie selbst ausgesucht hätte, und die ich auch nie für möglich gehalten hätte. Dadurch wurde mein Leben sehr bereichert, insbesondere durch meine

Arbeit als Missionar mit Indianern im peruanischen Urwald.[1]

Im Rückblick auf meine Kindheitserinnerungen wird mir aber auch bewusst, dass Jesus, trotz aller Feierlichkeit und menschlicher Wärme, die mit dem Fest verbunden waren, und trotz traditionellem Gottesdienstbesuch, damals leider nicht im Mittelpunkt stand.

Inzwischen sind über dreißig Jahre vergangen und es hat sich so manches verändert, auch in unserer Gesellschaft. Wir erleben die Weiterentwicklung des ehemals christlichen Abendlandes zu einem Kontinent, der versucht sein christliches Erbe abzustreifen[2]. Gleichzeitig mit dem Ablegen christlicher Werte und der Relativierung der Gebote der Bibel zerstören wir die Fundamente, auf denen unsere Gesellschaft einst aufgebaut wurde. Wer einmal in einem Land gelebt hat, in dem diese Werte nicht so tief verankert sind wie in dem unsrigen, und dabei erlebt hat, welche Auswirkungen das hat (z.B. Korruption, Missachtung von Menschenleben), wird dankbar für die Grundlagen des christlichen Glaubens, die insbesondere durch die Reformation in Nordeuropa gelegt wurden. Ich habe den Eindruck, dass viele, die sich in neuerer Zeit gegen das Christentum wenden und es gerne hinter sich lassen würden, entweder nicht wissen, oder sogar bewusst ignorieren, dass sie dabei sind, den Ast, auf dem sie sitzen, selbst abzusägen!

Erstaunlich ist aber, dass man trotz dieser Entwicklungen weiter Weihnachten feiert. – Und zwar immer "perfekter"[3] und ausgiebiger.

---

[1] In meinem Buch *"Begegnungen in Peru. Urwaldindianer auf dem Weg ins 21. Jahrhundert"* berichte ich davon.
Weitere Infos: www.begegnungen-in-peru.de.tf
[2] Siehe auch den interessanten Artikel von Hellmuth Karasek: "Weihnachten ohne Jesus gibt es nicht". In einem Kindergarten in Bozen durften keine Weihnachtslieder mehr gesungen werden, in denen Jesus vorkommt. In England versenden manche Firmen keine "Weihnachtsgrüße" mehr, sondern neutrale "Briefe zur Jahreszeit".                    http://www.welt.de/print-welt/article704506/Weihnachten_ohne_Jesus_gibt_es_nicht.html
[3] Gibt man unter Google "das perfekte Weihnachtsfest" ein, dann wird man viele Seiten zu diesem Thema finden. Jesus kommt darin aber so gut wie (fast) nicht vor.

Als wir vor ein paar Jahren wieder von Peru nach Deutschland zurückgekehrt sind, war es recht befremdend zu sehen, dass viele Supermarktketten schon Mitte September Weihnachtsleckereien anbieten. Wer weiß, vielleicht gibt es diese Sachen ja bald schon pünktlich zu den Sommerferien? – Wäre doch was, Urlaub am Strand in Spanien mit Spekulatius und Marzipan? – Na, vielleicht sollte ich diesen Gedanken hier besser nicht äußern. Womöglich motiviert das den Einzelhandel zu neuen Versuchen, das Sommerloch mit ersten Weihnachtsangeboten zu stopfen? Als ich Mitte Oktober in einem Geschäft bereits Weihnachtsdekoration zum Verkauf sah, da hab´ ich mich schon mehr als gewundert...

Vor vielen Jahren fiel mir ein Gedicht in die Hände. Darin heißt es: „Süßer die Kassen nie klingen, als zur Weihnachtszeit". Weihnachten ist zum wichtigsten Event des Einzelhandels geworden[4]. So wird dieses Fest bis zum Exzess kommerzialisiert.

Es gibt aber etwas weit Schlimmeres als die überhand nehmende Kommerzialisierung des Weihnachtsfests. Die Hauptperson, auf die dieses Fest zurückgeht, kommt dabei gar nicht mehr vor! Entweder tritt an die Stelle von Jesus das Christkind (da besteht zumindest noch ein begrifflicher Zusammenhang, Christus wurde als Kind geboren), oder Jesus wird durch den Weihnachtsmann ersetzt. Gleichzeitig ändert man nach englischem bzw. amerikanischem Vorbild "Christmas" (Weihnachten) in "X-mas"[5].

Es ist faszinierend und erschreckend zugleich, wie es fast eine ganze Nation, oder fast die ganze westliche Welt schafft, ein Fest immer ausgiebiger zu feiern (was den

---

[4] Gemäß einer Umfrage des *Stern* aus dem Jahr 2007 „gibt jeder vierte Deutsche zwischen 200 und 500 Euro für Weihnachtsgeschenke aus. Ein weiteres Viertel investiert zwischen 100 und 200 Euro. Ganz glücklich ist der Einzelhandel trotzdem nicht." http://www.stern.de/wirtschaft/familie/stern-umfrage-zu-weihnachten-wieviel-zahlen-die-deutschen-fuer-geschenke-605693.html

[5] Der Verein Deutsche Sprache (VDS) wählte X-mas als „das überflüssigste und nervigste Wort des Jahres 2008 in Deutschland". Es stehe ihrer Meinung nach in Deutschland im Gegensatz zu allem, was man mit Weihnachten verbindet: „Gemütlichkeit, deutsche Weihnachtstraditionen, Romantik, Christlichkeit". http://de.wikipedia.org/wiki/X-mas

Konsum betrifft) und es gleichzeitig immer mehr seines Inhalts zu berauben[6].

Was nun? Sollte man das Fest gar nicht mehr feiern und Weihnachten einfach "ausfallen" zu lassen? Wer weiß, vielleicht würde es einem bei dem Versuch ja wirklich so gehen, wie dem Ehepaar Krank in John Grishams Roman "Das Fest"? Darin beschreibt er mit viel Witz und Ironie die Auswüchse des Weihnachtsrummels, stellt aber gleichzeitig die psychologischen Zwänge dar, die es dem Einzelnen fast unmöglich machen, sich dem Ganzen zu entziehen. Nun, ich möchte uns Weihnachten nicht madig machen. Ich bin auch nicht für eine Abschaffung des Fests. Außerdem genieße ich selber gerne Weihnachtsgebäck, Glühwein und eine gemütliche Atmosphäre mit Kerzen und Christbaum. – Aber es gibt einen Punkt, der mich nicht nur gewaltig stört, sondern auch sehr traurig macht: Stellen Sie sich vor, die ganze Welt würde *Ihren* Geburtstag feiern! Wäre das nicht genial und eine große Ehre? Da ist nur ein Haken: Sie, als Hauptperson, werden weder dazu eingeladen, noch ist ihre Anwesenheit erwünscht. Wäre das nicht krass? Wie würden Sie sich fühlen? Sicherlich nicht geehrt! Es wäre wie ein Schlag ins Gesicht. Es wäre eine Beleidigung und Entehrung Ihrer Person. Nun, genau dies geschieht Jahr für Jahr! Daher frage ich: **Kann wirklich Weihnachten sein - ohne Jesus?**

Auf den folgenden Seiten dieses Buches möchte ich nicht weiter auf die Exzesse eingehen, die mit dem Weihnachtsfest verbunden sind. Sie sind uns zu Genüge bekannt. Es geht mir vielmehr um eine Rückbesinnung auf den Ursprung und Inhalt des Festes. Warum feiern wir eigentlich Weihnachten? Worum geht es wirklich bei diesem Fest? Und vor allem: Wie können wir die

---

[6] „Die Frauenzeitschrift Lisa startete eine Umfrage unter 496 Leuten zwischen 20 und 49 Jahren, wonach nur noch sechs Prozent der Befragten den Ursprung des Festes für wichtig erachten."
http://www.soulsaver.de/index.php?dom=default&pid=472&page=1

Hauptperson, das "Geburtstagskind"[7] mit einbeziehen? Ja, noch wichtiger, wie können wir eine persönliche Beziehung zu Jesus finden? Daher wird es in den folgenden Kapiteln um die Person Jesu gehen. Dazu habe ich verschiedene Advents- und Weihnachtsbotschaften, die ich in den vergangenen Jahren weitergegeben habe, bearbeitet und für die Buchform aufbereitet. Den Redestil habe ich dabei aber bewusst beibehalten. Ich möchte Sie, liebe Leserinnen und Leser, gerne direkt mit diesen Botschaften ansprechen.

Am Ende des Buches habe ich hilfreiche Literaturhinweise zusammengestellt. Dabei handelt es sich sowohl um Bücher als auch um nützliche Internet-Adressen, die Ihnen in Glaubensfragen weiterhelfen können.

---

[7] Der wahre Geburtstag von Jesus ist unbekannt. Das Datum wird uns in der Bibel nicht berichtet.

# Die Vorbereitung des Kommens Jesu

Dem Weihnachtsfest geht die Adventszeit voraus. Ja, die Adventszeit führt uns direkt auf Weihnachten zu. Doch warum feiern wir eigentlich Advent? Warum kommen wir nicht gleich zur Sache?

Bedeutet Advent, dass wir jede Woche eben eine weitere Kerze am Adventskranz anzünden und uns auf diese Weise schon mal gefühlsmäßig auf Weihnachten einstimmen? Oder ist Advent die "heilige Zeit des Einzelhandels", die ihm die Möglichkeit bietet, nochmals einen guten Umsatz zum Abschluss des Jahres zu machen?

Advent kommt vom lateinischen "Adventus Domini" und bedeutet "Ankunft des Herrn". Es geht also um das Kommen Jesu. Der Advent soll uns an das Kommen Jesu erinnern und auf das Kommen Jesu vorbereiten.

Wenn wir die Bibel aufmerksam lesen, dann bemerken wir, das dieses Kommen Jesu nicht ein spontaner Einfall Gottes war, sondern dass es von langer Hand vorbereitet wurde. In der Bibel, insbesondere im Alten Testament, finden wir viele Spuren, die auf Jesu Kommen vorbereiten und es ankündigen. In diesem Kapitel werden wir einige dieser Spuren etwas verfolgen. Das Alte Testament ist durchdrungen von der Erwartung und Hoffnung auf den Messias. Je mehr ich das Alte Testament studiere, desto begeisterter und faszinierter bin ich, wie Gott sein Kommen vorbereitet und angekündigt hat. Vor allem der Prophet Jesaja bietet dabei eine riesige Fundgrube. Jesaja enthält mehr Prophetien über Jesus als das restliche Alte Testament zusammen! Daher kann Jesaja zurecht als der "Evangelist" des Alten Testaments bezeichnet werden.

In diesem Kapitel werden wir uns jedoch nicht mit Jesaja, sondern mit dem ersten Buch Chronik befassen. Ich erinnere mich noch gut daran, als ich dieses Buch der Bibel zum ersten Mal gelesen habe. Die ersten neun Kapitel bestehen überwiegend aus Geschlechtsregistern, d.h. Stammbäumen aller möglichen Leute aus dem Volk Israel. Ich dachte: „Wie langweilig! Warum ist das überhaupt von Bedeutung?"

Nun, 1.Chronik sagt uns tatsächlich auch etwas über das Kommen Jesu, allerdings ist das nicht so leicht auf den ersten Blick zu erkennen. Die Bücher 1. und 2.Chronik berichten uns ja einen Teil der Geschichte der israelischen Könige, angefangen bei David bis zur Babylonischen Gefangenschaft.

Manche Textabschnitte sind identisch mit Stellen aus den Büchern Könige. Aber die Chronik-Bücher haben die Besonderheit, dass sie die Geschichte vom priesterlichen, d.h. vom religiösen Standpunkt aus betrachten. Außerdem beschreiben sie ausschließlich die Geschichte der Könige von Juda. Juda war das spätere Südreich, als Israel nach dem Tod von König Salomo geteilt wurde.

Wozu dienen also nun die Geschlechtsregister in 1.Chronik? Sie zeigen uns die Abstammungslinie Jesu von Adam bis zur Babylonischen Gefangenschaft, und zwar die menschliche Abstammungslinie. Jesus ist Gott. Durch Jesus kam Gott zu uns Menschen, indem er selbst einer von uns wurde. Aber warum wurde Gott überhaupt Mensch? Ich möchte hier zunächst zwei Gründe nennen:

1) Jesus wurde Mensch um uns – auf eine für uns Menschen verständliche Weise – zu offenbaren wer und wie Gott ist.

2) Jesus wurde Mensch, um uns mit Gott zu versöhnen. Doch mehr dazu später.

Als Grundlage für unsere Entdeckungsreise durch das Alte Testament sollen uns Texte aus 1.Chronik dienen, die ich jeweils abschnittsweise anführen werde.

Anhand von sechs Männern werden wir zuerst einmal sehen, wie Gott sein Kommen – in Jesus Christus – in diese Welt vorbereitet hat. Ich habe diese sechs Männer beispielhaft herausgegriffen; es gäbe noch viele weitere Vorfahren Jesu, über die es einiges zu sagen gäbe.

Abschließend werde ich darauf eingehen, was wir für uns persönlich daraus lernen können.

Die sechs Vorfahren Jesu, auf die ich im folgenden eingehen werde, sind Seth, Sem, Abraham, Juda, David und Joas (Joasch).

Einige dieser Männer dürften Ihnen sehr bekannt sein, andere vermutlich weniger.

In 1.Chronik 1,1 – 4 lesen wir: „*Adam, Seth, Enos, Kenan, Mahalalel, Jered, Henoch, Methusalah, Lamech, Noah, Sem, Ham und Japheth.*" In dieser Aufzählung wird uns der Stammbaum von Adam bis zu Noahs Söhnen gezeigt. Zuerst wollen wir uns Adams Sohn Seth etwas genauer anschauen. Wenn wir an Adams Söhne denken, dann kommen uns normalerweise Kain und Abel in den Sinn. Ihr Bruder Seth ist uns kaum im Bewusstsein. Sicher kennen Sie alle die Begebenheit mit Adam und Eva. Die Bibel berichtet uns in 1.Mose 3, wie sie – im Ungehorsam gegen Gottes Gebot – vom "Baum der Erkenntnis, des Guten und des Bösen" aßen und somit den Sündenfall verursachten. Dieser Sündenfall war der Auslöser für unsere Trennung von Gott und für den gefallenen und elenden Zustand, in dem sich diese Welt bis heute befindet. Gott hatte Adam davor gewarnt, von diesem verbotenen Baum zu essen und ihn darauf hingewiesen: „*denn an dem Tag, da du davon isst, musst du sterben.*" (1.Mose 2,17). Gott machte Adam von Anfang an darauf aufmerksam, dass die Abwendung von ihm, dem Schöpfer und Urheber des Lebens, zum Tod führen würde. Auch Paulus macht in Römer 6,23 darauf aufmerksam, dass der Tod die Strafe für die Sünde ist. Die Bibel spricht auf dreierlei Weise vom Tod. Diese drei Aspekte sind aber eng miteinander verknüpft. Die Sünde Adams und Evas führte zunächst nur zu deren geistlichem Tod (vgl. Epheser 2,1), der Trennung von Gott. D.h. ihre Beziehung mit Gott wurde zerstört. Die Folge dieser zerstörten Beziehung mit Gott war der physische (körperliche) Tod. Der dritte Aspekt ist das, was die Bibel den "zweiten Tod" (Offenbarung 2,11; 20,6; 20,14; 21,8) nennt, d.h. die ewige Trennung von Gott, die all diejenigen erleiden werden, die Gottes Versöhnungsangebot ablehnen und daher im Endgericht nicht vor Gott bestehen werden. Wäre der in 1.Mose 3 beschriebene Sündenfall kein historisches Ereignis gewesen, wie uns auch manche Theologen weismachen wollen, dann hätte dies Konsequenzen. Die Welt müsste sich dann noch in einem

heilen Zustand befinden. Es gäbe keine Trennung von Gott, und somit bräuchten wir auch keine Rettung und keinen Retter! Aber jeder, der seine Augen öffnet und den Zustand unserer Welt wahrnimmt, der weiß, dass wir nicht in einer heilen, sondern einer gefallenen Welt leben. Wie dringend brauchen wir Rettung und Erlösung! Und genau das ist der Grund, warum Jesus überhaupt in diese Welt kam. Wir selbst können uns nicht retten; wir können uns nicht selbst am eigenen Haarschopf aus dem Sumpf der Sünde herausziehen. Wir brauchen dazu Gottes Hilfe! Wie hat Gott auf den Sündenfall reagiert? Er verfluchte den Verführer, die Schlange. In 1. Mose 3,15 lesen wir einen Teil dieses Fluchs, der gleichzeitig eine Prophetie darstellt: *„Und ich werde Feindschaft setzen zwischen dir und der Frau und zwischen deinem Samen und ihrem Samen; er wird dir den Kopf zermalmen, und du wirst ihm die Ferse zermalmen."* Das hier gebrauchte Wort "Samen" bedeutet "Nachkommenschaft". Gott redet hier von einer Feindschaft zwischen dem Nachkommen der Schlange und dem Nachkommen der Frau, d.h. von Eva. Man nennt diese Bibelstelle auch "Protevangelium" oder erste Ankündigung des Messias in der Bibel. Der Sündenfall war für Gott kein Betriebsunfall, bei dem er zuerst einmal ratlos dastand und nicht wusste, wie es weiter gehen sollte. Nein, Gott verhieß direkt nach dem Sündenfall, dass ein Nachkomme Evas als Retter die Schlange tödlich verletzen würde. Die Offenbarung des Johannes (12,9; 20,2) zeigt uns, dass mit der Schlange Satan gemeint ist. Die Prophetie in 1. Mose 3,15 macht aber auch deutlich, dass dieser Retter durch die Schlange leiden musste und gibt dadurch schon einen ersten versteckten Hinweis auf Jesu Tod am Kreuz.[8]
Bereits im folgenden Kapitel sehen wir, dass Satan diese Prophezeiung sehr ernst nahm. Er versuchte Gottes Pläne zu durchkreuzen und sie im Keim zu ersticken. Das tat er

---

[8] In seinem Film „Die Passion Christi" hat Mel Gibson eine Szene eingefügt, in der Jesus im Garten Gethsemane eine Schlange zertritt und somit die Erfüllung dieser Prophetie ankündigt.

im Laufe der Geschichte immer wieder; der Kindermord in Bethlehem, bald nach Jesu Geburt, ist ein Beispiel dafür. In 1.Mose 4 wird uns berichtet, wie der gottesfürchtige Abel von seinem Bruder Kain erschlagen wurde. Was nun? Wie kann Gottes Verheißung, einen Retter zu schicken, jetzt noch erfüllt werden? – In 1.Mose 4,25 lesen wir: *„Und Adam erkannte seine Frau wiederum, und sie gebar einen Sohn und gab ihm den Namen Seth: Denn Gott hat mir einen anderen Nachkommen gesetzt anstelle Abels, weil Kain ihn erschlagen hat."*

Seth bedeutet "Ersatz". Und Gott erwählte diesen "Ersatzmann", um seinen Plan auszuführen. Seth wurde auf diese Weise zu einem Vorfahren Jesu.

Den zweiten Mann, den wir in dieser Geschlechterfolge betrachten werden, ist einer von Noahs Söhnen, und zwar Sem. Auch von Sem wissen wir im Grunde genommen relativ wenig. Aufschlussreich sind aber der Fluch und der Segen, den Noah über seine drei Söhne aussprach. In 1.Mose 9,26 lesen wir, dass Noah sagte: *„Gepriesen sei der HERR, der Gott Sems; und Kanaan sei sein Knecht!"*

Von Noahs anderen Söhnen ist nicht zu lesen, dass der HERR ihr Gott sei. Sem scheint also eine besondere Beziehung zu Gott gehabt zu haben. Noah hatte drei Söhne, die ja auch Nachkommen von Seth waren. Diese wurden zu den Stammvätern der heute auf der Erde lebenden Völker. Die Nachkommen Kains hatten keinen Bestand und wurden durch Gottes Gericht in der Sintflut vollkommen ausgelöscht. Sem wurde der Stammvater der "semitischen Völker" und Jesus sollte einer seiner Nachkommen werden.

1.Chronik 1,24-27 führt uns zum nächsten, sehr bedeutenden Mann: *„Sem, Arpaksad, Schelach, Heber, Peleg, Reghu, Serug, Nahor, Tarah, Abram, das ist Abraham."*

In 1.Mose 12,1-3 erfahren wir, wie Gott Abraham erwählte und ihm eine große Verheißung gab: *„Und der HERR hatte zu Abram gesprochen: Geh aus deinem Land und aus deiner Verwandtschaft und aus dem Haus deines Vaters in* *das Land, das ich dir zeigen werde. Und ich will dich zu einer großen Nation machen und dich segnen, und ich will deinen Namen groß machen; und du sollst ein Segen sein! Und ich will die segnen, die dich segnen, und wer dir flucht, den werde ich verfluchen; und in dir sollen gesegnet werden alle Geschlechter der Erde!"* Gottes Verheißung, einen Retter zu senden, nimmt nun immer mehr Gestalt an. Vieles ist noch verborgen, aber dennoch werden schon erste Konturen sichtbar. Aus dem *einen* Mann Abraham, der zuerst alles verlassen sollte, wollte Gott ein großes Volk machen. Und durch Abraham wollte Gott alle anderen Völker der Erde segnen. Gott erfüllte diese Verheißung buchstäblich, indem Jesus als Nachkomme Abrahams geboren wurde (vgl. Matthäus 1,1) und zum Retter der Welt wurde.

Gott verkündigte Abraham eine frohe und Mut machende Botschaft. Wer von uns würde nicht gerne ein Segen für die ganze Welt sein? Das Bemerkenswerte an dieser Geschichte ist, dass Abraham zu seinen Lebzeiten nichts von der Erfüllung dieser Verheißung erleben sollte. – Trotzdem glaubte er Gott! Erst drei Generationen nach Abraham wurden die ersten Anzeichen sichtbar, dass seine Nachkommen einmal zu einem Volk werden könnten.

1.Chronik 1,34 und 2,1-2 zeigen uns, wie Gottes Verheißung konkreter wurde: *„Und Abraham zeugte Isaak. Die Söhne Isaaks: Esau und Israel." „Dies sind die Söhne Israels: Ruben, Simeon, Levi und Juda, Issaschar und Sebulon, Dan, Joseph und Benjamin, Naphtali, Gad und Aser."*
Die Abstammungslinie Jesu führt von Abraham über Isaak weiter zu Jakob, dem Gott den Namen Israel gab. Wenn wir in 1.Mose den Bericht über Jakobs Söhne lesen, dann haben wird den Eindruck, dass Joseph die scheinbar wichtigste Rolle spielte. Es stimmt, Joseph spielte eine wichtige Rolle, denn Gott gebrauchte ihn, um während der großen Hungersnot das Überleben von Abrahams Nachkommen zu sichern indem er sie nach Ägypten brachte und dort versorgte. Aber von Jakobs Söhnen

wurde der vierte erwählt, um zum Stammvater Jesu zu werden: Juda.

Der erstgeborene Sohn Ruben wurde verworfen, weil er mit seiner Stiefmutter eine sexuelle Beziehung eingegangen war (1.Mose 35,22; 49,4). Die Brüder Simeon und Levi, der Zweite und Dritte in der Reihenfolge der Geburt, wurden ebenfalls übergangen, weil sie die Bevölkerung von Sichem niedergemetzelt hatten (1.Mose 34,25-31). Sie übten Rache für die Vergewaltigung ihrer Schwester Dina (1.Mose 34,2). Als Jakob am Ende seines Lebens seine Söhne segnete, sprach er ein prophetisches Wort über seinen Sohn Juda aus: *„Nicht weichen wird das Zepter von Juda, noch der Herrscherstab zwischen seinen Füßen weg, bis Schilo kommt, und ihm werden die Völker gehorchen."* (1.Mose 49,10)

Hier, gegen Ende des ersten Buches Mose, wird Gottes Plan wieder ein kleines Stückchen deutlicher. Dem Haus Juda, d.h. Judas Nachkommen wurde ein Königtum verheißen. Gleichzeitig wird ausgesagt, dass einer aus dieser Familie kommen würde, dem sogar die Völker, also nicht nur die Israeliten, gehorchen würden.

Interessant an den Verheißungen im Alten Testament ist, dass Gott immer wieder den Segen für seinen Auserwählten (z.B. Abraham oder Juda), aber auch über ihn und seine Familie hinaus, für die ganze Erde im Blick hat.

Zwischenzeitlich sollten fast weitere 500 Jahre vergehen, bis diese Prophetie vom Königtum Judas erfüllt würde. 1.Chronik 2,3-15 gibt uns eine geraffte Zusammenfassung über diesen Zeitabschnitt: *„Die Söhne Judas: Gher und Onan und Schela; diese drei wurden ihm geboren von der Tochter Schuas, der Kanaaniterin. Und Gher, der Erstgeborene Judas, war böse in den Augen des HERRN, und er tötete ihn. Und Tamar, seine Schwiegertochter, gebar ihm Perez und Serach. Alle Söhne Judas waren fünf. Die Söhne des Perez waren: Hezron und Hamul. Und die Söhne Serachs: Simri und Ethan und Heman und Kalkol und Dara; sie alle waren fünf. Und die Söhne Karmis: Achar, der Israel in Trübsal brachte, weil er Untreue beging an dem Verbannten. Und die Söhne Ethans: Asarja.*

*Und die Söhne Hezrons, die ihm geboren wurden: Jerachmeel und Ram und Kelubai. Und Ram zeugte Amminadab; und Amminadab zeugte Nachschon, den Fürsten der Kinder Juda. Und Nachschon zeugte Salma, und Salma zeugte Boas, und Boas zeugte Obed, und Obed zeugte Isai. Und Isai zeugte Eliab, seinen Erstgeborenen; und Abinadab, den zweiten; und Schimea, den dritten; Nethaneel, den vierten; Raddai, den fünften; Ozem, den sechsten; David, den siebten."*

In Ägypten war die Familie von Abraham und seinem Enkel Jakob zu einem großen Volk von ungefähr zwei Millionen Menschen geworden. Das Volk Israel erhielt nach der Befreiung aus ägyptischer Knechtschaft das Gesetz durch Mose.

Unter Josuas Führung wurde das verheißene Land eingenommen. In den darauf folgenden dreihundert Jahren durchlebte Israel in der Beziehung zu seinem Gott, Jahwe, viele Höhen und Tiefen, die im Buch der Richter beschrieben werden. Schließlich entschied das Volk, dass es nicht mehr von Gott – unterstützt durch die Richter – regiert werden wollte. Die Israeliten wollten wie alle anderen sie umgebenden Völker sein und einen König als Oberhaupt haben. Gott kam ihrem Wunsch nach und gab ihnen einen König: Saul, der allerdings nicht aus dem Stamm Juda, sondern aus dem Stamm Benjamin stammte. Sollte sich Jakobs Prophetie als falsch erweisen? Das erste Buch Samuel berichtet uns, wie Saul wegen seines Ungehorsams verworfen wurde. An seiner Stelle berief Gott einen Mann nach seinem Herzen, der aus dem Stamme Juda stammte: David.

Die Bibel berichtet uns, dass David ein gottesfürchtiger Mann war. Alle Könige nach ihm wurden an ihm gemessen. Davids Wunsch war es, Gott ein Haus (den Tempel) zu bauen. Doch Gott versagte ihm diesen Wunsch, da er viele Kriege geführt hatte. Sein Sohn Salomo sollte dieses Haus bauen. Aber Gott nahm Davids Anliegen auf und verhieß, das ER, Gott, dem David ein "Haus" bauen werde. In 2.Samuel 7,11-16 lesen wir: *„... und der HERR tut dir* *kund, dass der HERR dir ein Haus machen wird. Wenn deine Tage erfüllt sein werden und du bei deinen Vätern liegen wirst, so werde ich deinen Nachkommen nach dir erwecken, der aus deinem Leib kommen soll, und werde sein Königtum befestigen. Der wird meinem Namen ein Haus bauen; und ich werde den Thron seines Königtums befestigen in Ewigkeit. Ich will ihm Vater sein, und er soll mir Sohn sein, so dass, wenn er verkehrt handelt, ich ihn züchtigen werde mit einer Menschenrute und mit Schlägen der Menschenkinder; aber meine Güte soll nicht von ihm weichen, wie ich sie von Saul weichen ließ, den ich vor dir weggetan habe. Und dein Haus und dein Königtum sollen vor dir beständig sein in Ewigkeit, dein Thron soll fest sein in Ewigkeit."*

Gott ergänzte Jakobs Prophetie über Juda und legte sich unter den Nachkommen Judas auf David fest. Er verhieß David eine ewige Dynastie, d.h. das Königtum sollte für alle Ewigkeit bei David, bzw. dessen Nachkommen, bleiben. Außerdem sollte einer von König Davids Nachkommen der Messias und Retter sein (vgl. Jesaja 9,6; 11,1.10; 16,5; Matthäus 1,1; 21,9; Römer 1,3; Offenbarung 5,5). Doch bereits zwei Generationen später schien es so, als sei auch diese Verheißung in Gefahr. Salomos Vorliebe für Frauen, auch aus heidnischen Völkern, brachte den Götzendienst nach Israel (1.Könige 11,4). Diese Sünde hatte ernste Konsequenzen: Es kam zur Spaltung des Königreiches, allerdings erst nach Salomos Tod (1.Könige 11,9ff; 12,15ff). Das Nordreich bestand aus zehn Stämmen und wurde weiterhin Israel genannt. Das Südreich, das nur aus den Stämmen Juda und Benjamin bestand, führte den Namen Juda.

Was war nun mit dem ewigen Königtum des Hauses David? Im Nordreich löste eine Königsdynastie die andere ab. Die neuen Könige machten oft kurzen Prozess und beseitigten die Nachkommen ihrer Vorgänger, um ihre Macht zu sichern. In Juda dagegen waren alle weiteren Könige Nachkommen von König David. Doch auch hier sollten bald ernsthafte Probleme auftauchen. 1.Chronik 3,10-12 führt

20

uns dort hin: „*Und der Sohn Salomos war Rehabeam; dessen Sohn Abija, dessen Sohn Asa, dessen Sohn Josaphat, dessen Sohn Joram, dessen Sohn Ahasja, dessen Sohn Joas, dessen Sohn Amazja, dessen Sohn Asarja, dessen Sohn Jotham ...*"
Die Geschichte von Joas (Joasch) ist mit einer besonderen Tragödie verbunden. 2.Könige 11,1-3 berichtet uns mehr darüber: „*Und als Athalja, die Mutter Ahasjas, sah, dass ihr Sohn tot war, da machte sie sich auf und brachte alle königlichen Nachkommen um. Aber Joscheba, die Tochter des Königs Joram, die Schwester Ahasjas, nahm Joas, den Sohn Ahasjas, und stahl ihn weg aus der Mitte der Königssöhne, die getötet wurden, und brachte ihn und seine Amme in die Bettenkammer; und so verbargen sie ihn vor Athalja, und er wurde nicht getötet. Und er war sechs Jahre bei ihr im Haus des HERRN versteckt. Athalja aber regierte über das Land.*"
Athalja war eine Tochter von Ahab, dem König des Nordreiches Israel. Ihre Mutter Isebel war eine Tochter des Königs von Sidon. Durch ihren Einfluss wurden Ahab und das Volk Israel in bisher nicht da gewesener Weise zum Götzendienst an Baal verführt. Ihre Zeit war aber auch vom Wirken des Propheten Elia geprägt. Dieser leistete Widerstand gegen den Götzendienst und forderte letztlich die Baalspriester zu einer Machtdemonstration Gottes auf dem Berg Karmel heraus (1. Könige 18,21ff).
Durch die Heirat von Athalja mit König Joram von Juda verschwägerten sich die beiden Königshäuser Israel und Juda. Nachdem ihr Sohn gestorben war, witterte Athalja die Chance, selbst Königin von Juda zu werden. So gab sie kurzerhand den Befehl, alle königlichen Nachkommen, d.h. vor allem ihre *eigenen* Enkelkinder, zu töten. Dies hätte eine vollständige Auslöschung der Nachkommenschaft Davids in der Thronfolge bedeutet. Auch wenn die Bibel nicht explizit diese Aussage macht, so sehen wir hier doch nochmals einen Versuch Satans, der hinter den Kulissen agiert, die Verheißung zu durchkreuzen und Gottes Plan, einen Retter zu senden, zu vereiteln.

Doch auch in diesem Fall behielt Gott die Kontrolle über die traurigen Ereignisse. Er verhinderte, dass Davids Familie völlig ausgelöscht wurde. Joas, der zu diesem Zeitpunkt erst ein Jahr alt war, wurde gerettet und entkam als Einziger.

In 2.Könige 11 wird beschrieben, wie der Priester Jojada einige Jahre später dafür sorgte, dass Joas zum König gekrönt wurde. Joas war damals erst sieben Jahre alt. Seine Großmutter Athalja wurde bei diesem Umsturz getötet. Joas wurde vom Priester Jojada unterwiesen und tat, was Gott gefiel. Er sorgte auch dafür, dass der Tempel renoviert wurde. Leider wich er nach Jojadas Tod von Gottes Wegen ab. Doch Joas führte den Stammbaum Davids weiter. Seine Nachkommen regierten als Könige über Juda, bis Jerusalem im Jahr 586 v. Chr. zerstört wurde und das Volk in die Babylonische Gefangenschaft geführt wurde.

Interessanterweise wurde die erste Rückkehr aus dem Exil, im Jahr 536 v. Chr. von Serubbabel, einem Nachkommen der Könige David und Joasch angeführt. Serubbabel regierte später auch als Stadthalter über Jerusalem. Wie wir in Jesu Stammbaum im Matthäus-Evangelium (1,12f) nachlesen können, war auch Serubbabel ein Vorfahre Jesu.

Aber nicht nur in der Geschichte der jüdischen Könige sehen wir, wie Jesus sein Kommen vorbereitete und ankündigte. Auch bei den Propheten, die sowohl Gericht als auch Gnade und Rettung für Israel ankündigten, sind mehrere Vorhersagen zu finden.

Gott offenbarte den Propheten manchmal sogar kleinste Details über Jesu Kommen und dessen Leben. Der Prophet Micha kündigte bereits 700 Jahre vorher an, wo Jesus geboren werden sollte: *„Und du, Bethlehem-Ephrata, zu klein, um unter den Tausenden von Juda zu sein, aus dir wird mir hervorkommen, der Herrscher über Israel sein soll; und seine Ursprünge sind von der Urzeit, von den Tagen der Ewigkeit her."* (Micha 5,1).

Sacharja kündigte mehr als 500 Jahre vorher den Einzug Jesu in Jerusalem an: *„Frohlocke laut, Tochter Zion; jauchze, Tochter Jerusalem! Siehe, dein König wird zu dir* *kommen: Gerecht und ein Retter ist er, demütig und auf einem Esel reitend, und zwar auf einem Fohlen, einem Jungen der Eselin."* (Sacharja 9,9; vgl. Matthäus 21,1-11). Jesaja sagte in dem bekannten Kapitel vom „leidenden Gottesknecht" (Jesaja 53), bereits 700 Jahre vorher Jesu Leiden und seinen stellvertretenden Tod für unsere Schuld voraus. Man könnte noch viele weitere Prophezeiungen nennen, die ebenfalls bis in kleinste Details gehen und sich wortwörtlich erfüllt haben. Insbesondere Matthäus weist uns in seinem Evangelium auf solche erfüllte Prophetien hin. Die buchstäbliche Erfüllung dieser Verheißungen zeigt nicht nur, dass Jesus wirklich der Messias ist. Sie zeigt uns auch, dass die Bibel zuverlässig und ihre Botschaft glaub- und vertrauenswürdig ist!

Wir haben nun das Leben von sechs Männern betrachtet, die durch Gottes Gnade menschliche Vorfahren des Herrn Jesus Christus sein durften. Gott hat sie dazu auserwählt. Wir haben gesehen, wie Gott sein eigenes Kommen, in Jesus Christus, vorbereitet hat. Wir sahen, wie die biblische Prophetie immer klarer und spezifischer wurde. Und wir sahen, wie Gott seinen Plan, gegen alle Versuche Satans, sie zu durchkreuzen, bewahrt und durchgeführt hat.

Die Frage ist nun: Was können wir für uns persönlich daraus lernen? Ich möchte dazu kurz drei Punkte nennen:

*Erstens:* Es wird deutlich, wie geliebt und kostbar wir Menschen in Gottes Augen sein müssen. Für Gott wäre es eine Kleinigkeit gewesen, die Menschen nach dem Sündenfall zu vernichten und etwas vollkommen Neues zu schaffen. Doch gerade darin, dass er das nicht tat, zeigt sich Gottes Liebe zu uns (vgl. Johannes 3,16). Er beschloss, selbst Mensch zu werden, auf die Erde zu seinen Geschöpfen zu kommen, und sie zu retten. Römer 5,8 drückt diesen Liebesbeweis Gottes so aus: *„Gott aber erweist seine Liebe zu uns darin, dass Christus, da wir noch Sünder waren, für uns gestorben ist."*

Sicherlich können wir uns nicht vorstellen, was es für Jesus bedeutet haben muss, seine Herrlichkeit im Himmel zu verlassen und auf die Erde zu kommen. Ich habe dazu einmal folgenden Vergleich gehört: Es ist so, wie wenn wir beschließen würden in einer Jauchegrube zu leben! Ich vermute, dass selbst dieser Vergleich kaum den krassen Unterschied zwischen der Herrlichkeit Gottes und unserer gefallenen Welt beschreiben kann!

*Zweitens:* Gott ist absolut souverän. Er hat alles in seiner Hand. Er ist der "Herr der Herren" und der "König der Könige" (Offenbarung 19,16). Keine Macht der Welt, weder Menschen, noch Satan selbst, können Gottes Pläne stoppen. Deshalb sollen wir auch mit seiner Macht rechnen! Jesus hat alle Macht. Im Zusammenhang mit dem Missionsbefehl stellte er das völlig klar: *„Und Jesus trat herzu und redete zu ihnen und sprach: Mir ist alle Gewalt gegeben im Himmel und auf der Erde."* (Matthäus 28,18). Es gibt daher keinen Umstand in unserem Leben, mit dem Gott nicht fertig werden könnte! Diese Wahrheit soll uns Mut machen, zu Jesus zu kommen und ihm bewusst unser Leben anzuvertrauen (vgl. Matthäus 11,28-30).

*Drittens:* Wir haben gesehen, wie Gott Verheißungen gegeben und erfüllt hat. Gottes Verheißungen erfüllen sich immer! Was er versprochen hat, das tut er auch! Selbst wenn er sich, aus unserem menschlichen Blickwinkel betrachtet, recht viel Zeit dazu lässt. Bei unserer Betrachtung des Alten Testaments haben wir ja eine kurze Reise durch ein paar Jahrtausende der Heilgeschichte gemacht!
Genauso, wie Jesus das erste Mal auf diese Erde kam, um sein Blut für uns zu vergießen, damit wir mit Gott versöhnt werden und neues Leben empfangen können, so wird Jesus auch ein zweites Mal kommen. Diesmal aber nicht als Retter, sondern als Richter der Menschheit (vgl. Apostelgeschichte 10,42; 17,31).
Seit Jesu erstem Kommen sind nun schon 2.000 Jahre vergangen. Und es gibt so manchen, der spottet: „Euer Jesus

kommt bestimmt nicht mehr, da könnt ihr lange warten!" Doch das sollte uns nicht irritieren. Bereits schon zur Zeit der Apostel wurde dieses Argument vorgebracht. Der Apostel Petrus ging darauf ein und machte deutlich: *„Dies eine aber sei euch nicht verborgen, Geliebte, dass ein Tag bei dem Herrn ist wie tausend Jahre, und tausend Jahre wie ein Tag. Der Herr zögert die Verheißung nicht hinaus, wie es einige für ein Hinauszögern halten, sondern er ist langmütig euch gegenüber, da er nicht will, dass irgendwelche verloren gehen, sondern dass alle zur Buße kommen."* (2.Petrus 3,8-9)

Noch leben wir in einer besonderen Zeit, in der Gott Gnade schenkt. Dies ist der Grund dafür, dass Jesus noch nicht wieder gekommen ist. Noch können Menschen zu Jesus kommen und gerettet werden. Doch irgendwann wird diese Zeit abgelaufen sein und Jesus wird kommen, ganz sicher!

Wir müssen uns entscheiden, wem wir glauben und worauf wir vertrauen wollen. Rechnen wir wirklich mit Jesu Wiederkunft, so, wie die ersten Christen? Und vertrauen wir unser Leben Jesus an, damit er uns vor dem kommenden Gericht rettet, so, wie die ersten Christen? Oder glauben wir den Stimmen um uns herum, die immer lauter verbreiten, die Sache mit Jesus sei doch alles Unsinn?

Manchmal habe ich den Eindruck, dass sich die Christenheit recht gemütlich auf dieser Erde eingerichtet hat. Dass Jesus irgendwann zurückkommen wird ist zwar noch ein traditioneller Teil im Glaubensbekenntnis. Aber wird darüber noch gesprochen? Und drückt unser Leben auch diese Erwartung aus?

Jesus selbst sagt uns: *„Deshalb auch ihr, seid bereit! Denn in einer Stunde, in der ihr es nicht meint, kommt der Sohn des Menschen."* (Matthäus 24,44)

Die Advents- und Weihnachtszeit ist eine sehr gute Gelegenheit, die Bedeutung von Jesu erstem Kommen neu (oder vielleicht auch zum allerersten Mal) zu entdecken und sich auf Jesu zweites Kommen vorzubereiten.

# Die Ankündigung der Geburt Jesu

Nachdem wir uns ausführlich mit der Vorbereitung auf das Kommen Jesu im Alten Testament beschäftigt haben, werden wir uns nun dem Neuen Testament zuwenden. Wir beginnen mit der Ankündigung von Jesu Geburt:

*„Im sechsten Monat aber wurde der Engel Gabriel von Gott in eine Stadt von Galiläa gesandt, mit Namen Nazareth, zu einer Jungfrau, die mit einem Mann verlobt war, mit Namen Joseph, aus dem Haus Davids; und der Name der Jungfrau war Maria. Und er kam zu ihr herein und sprach: Sei gegrüßt, Begnadete! Der Herr ist mit dir. Sie aber wurde über das Wort bestürzt und überlegte, was für ein Gruß dies sei. Und der Engel sprach zu ihr: Fürchte dich nicht, Maria, denn du hast Gnade bei Gott gefunden; und siehe, du wirst im Leib empfangen und einen Sohn gebären, und du sollst seinen Namen Jesus nennen. Dieser wird groß sein und Sohn des Höchsten genannt werden; und Gott der Herr wird ihm den Thron seines Vaters David geben; und er wird über das Haus Jakobs herrschen in Ewigkeit, und sein Reich wird kein Ende haben. Maria aber sprach zu dem Engel: Wie kann das sein, da ich ja keinen Mann kenne? Und der Engel antwortete und sprach zu ihr: Der Heilige Geist wird auf dich kommen, und Kraft des Höchsten wird dich überschatten; darum wird auch das Heilige, das geboren werden wird, Sohn Gottes genannt werden. Und siehe, Elisabeth, deine Verwandte, ist auch mit einem Sohn schwanger in ihrem Alter, und dies ist der sechste Monat bei ihr, die unfruchtbar genannt war; denn bei Gott wird kein Ding unmöglich sein. Maria aber sprach: Siehe, ich bin die Magd des Herrn; mir geschehe nach deinem Wort. Und der Engel schied von ihr."* (Lukas 1,26-38)

Sechs Monate vor diesem Ereignis hatte Gott den Engel Gabriel bereits zu Zacharias gesandt, um ebenfalls ein freudiges Ereignis anzukündigen. Er und seine Frau Elisabeth würden trotz ihres fortgeschrittenen Alters noch einen Sohn haben: Johannes, den Täufer (vgl. Lukas 1,5-25).

Nun wurde der Engel Gabriel mit einem weiteren Auftrag auf die Erde gesandt. Als Engel war er ein Diener und Botschafter Gottes. In mehreren wichtigen Momenten der Geschichte sandte Gott ihn zu den Menschen, um ihnen wichtige Botschaften zu überbringen. In Daniel 8,16 und 9,21 können wir nachlesen, wie Gott den Engel Gabriel in menschlicher Gestalt mindestens zweimal zum Propheten Daniel gesandt hatte. Nun, in der Zeit des Neuen Testaments, sandte Gott ihn zunächst zu Zacharias und danach zu Maria.

Maria war damals noch sehr jung. Manche Ausleger glauben, dass sie vielleicht gerade fünfzehn oder sechzehn Jahre alt gewesen war. Maria war zu dieser Zeit bereits mit Josef verlobt. Beide, Maria und Josef gehörten zum Stamm Juda und waren Nachkommen von König David[9].

In der damaligen jüdischen Kultur bedeutete eine Verlobung, dass die beiden Partner so gut wie verheiratet waren. Wenn ein jüdischer Mann heiraten wollte und die Familie der zukünftigen Ehefrau damit einverstanden war, verabredeten die Eltern die Zahlung eines Brautpreises. Das bedeutete nicht, dass die Frau verkauft wurde. Es war so eine Art Entschädigung, denn die Familie der Braut verlor jemanden, der bei der Arbeit mit half. Die beiden Partner "verlobten" sich und waren damit bereits so gut wie verheiratet, hatten aber noch keinen sexuellen Verkehr miteinander. Die Braut blieb noch im Hause ihres Vaters wohnen. Der Bräutigam baute in der Zwischenzeit ein eigenes Haus. Nachdem dieses fertiggestellt war, holte er seine Braut ab und führte sie nach Hause, wo sie ein großes Hochzeitsfest feierten, das bis zu sieben Tagen dauern konnte.

---

[9] Wir haben in den Evangelien zwei Stammbäume von Jesus. Im Evangelium nach Matthäus (1,1-17) finden wir den Stammbaum von Abraham über Jesu Stiefvater Josef zu Jesus. Der Zweck dieses Stammbaums ist es, seinen rechtlichen Anspruch, dass er wirklich der Messias ist, aufzuzeigen. In Lukas 3,23-38 finden wir den zweiten Stammbaum, der von Jesus zurück bis Adam reicht. Es wird allgemein angenommen, dass dieser Stammbaum die natürliche Abstammungslinie über Maria aufzeigt.

Als der Engel Gabriel Maria besuchte, war diese mit Josef verlobt. Der Engel hatte eine sehr spezielle Botschaft für sie: *„du wirst im Leib empfangen und einen Sohn gebären ..."* Er kündigte ihr die Geburt eines Sohnes an, dem sie den Namen Jesus geben sollte. Marias Reaktion auf die Ankündigung des Engels ist sehr bemerkenswert. Im Gegensatz zu Zacharias hatte sie keine Zweifel an der Ankündigung des Engels (vgl. Lukas 1,18-20). Sie fragte lediglich, wie das geschehen solle, denn sie war noch Jungfrau und rechnete womöglich damit, dass es noch eine Weile dauern würde, bis Joseph sie in sein Haus holen würde. Daraufhin erklärte ihr der Engel, dass das Kind nicht von einem menschlichen Vater, sondern durch die Kraft des Heiligen Geistes gezeugt werden würde. Und wieder zweifelte Maria nicht einen Augenblick. Sie glaubte der Botschaft des Engels, dass bei Gott kein Ding unmöglich ist. Sowohl die Art, wie Gott mit Maria umging, als auch die Art, wie Maria darauf reagierte, ist bemerkenswert. In Gottes Auftrag sagte der Engel „du wirst schwanger werden..." Der Engel sagte nicht: „Weißt du was, Maria? Gott hat da einen bestimmten Plan und wenn es dir gefällt, dann kannst du darin eine wichtige Rolle spielen. Denk gut darüber nach, und wenn du ihn auch cool findest, dann gib baldmöglichst Bescheid. Wenn du kein Interesse hast, dann ist das auch nicht so schlimm, ich hab´ da noch ein paar Mädels auf meiner Liste stehen..." Nichts dergleichen! Er fragte Maria gar nicht, ob ihr das recht wäre. Er kündigte ihr einfach an „du wirst schwanger werden..." Sie hatte keine Möglichkeit zu wählen. Gott traf die Entscheidung und damit war alles gesagt. Gott ist souverän!
Zweimal brachte der Engel zum Ausdruck, dass Maria Gnade vor Gott gefunden hatte. Daran wird deutlich, dass Gott selbst sie auserwählt hatte. Sie wurde nicht aufgrund besonderer Leistungen auserwählt, auch nicht weil sie es sonst irgendwie verdient hätte Jesu Mutter zu werden. Gott wollte ihr diesen Vorzug geben. Wie schon erwähnt, Marias Reaktion darauf war bemerkenswert. Daran wird deutlich, dass Gott sich mit seiner Wahl nicht getäuscht

hatte. Sie willigte ein und antwortete: *„Siehe, ich bin die Magd des Herrn; mir geschehe nach deinem Wort."* Als Glied des Volkes Israel wusste sie sich zum Dienst für Gott berufen, so, wie es die Aufgabe einer Magd ist, zu dienen. Sie wusste aber auch, dass Gott sie nicht wie eine Sklavin behandeln würde, weil Gott selbst ihr Volk aus der Sklaverei in Ägypten befreit hatte. Gott hatte sie von der Sklaverei und vom Bösen befreit um in Gemeinschaft und einer engen Beziehung mit Gott zu leben. Darum willigte Maria gerne ein, obwohl ihr sicher bewusst war, dass sie dies in große Schwierigkeiten bringen konnte. In Matthäus 1,18-28 werden uns die Dinge aus der Sicht Josefs geschildert. Wie wir schon gesehen haben, war Maria mit ihm verlobt. Sie wurde schwanger und irgendwann kam der Zeitpunkt wo dies öffentlich bekannt wurde, denn eine Schwangerschaft lässt sich eben nur eine gewisse Zeit verbergen. Die Bibel sagt uns nicht wie, aber auf irgendeine Weise gelangte die Nachricht von Marias Schwangerschaft zu Josef. Vielleicht in Form eines Gerüchts: „Du, Josef. Deine Braut ist schwanger; es scheint so, als hätte sie sich mit einem anderen Mann eingelassen..." Zur damaligen Zeit war das ein schweres Vergehen, das nach dem Gesetz sogar die Todesstrafe nach sich ziehen konnte!

Nun war Maria in der Zwickmühle. Wie konnte sie erklären, woher das Kind stammte? Wie konnte sie insbesondere auch Josef, ihrem Verlobten beweisen, dass sie nichts mit einem anderen Mann gehabt hatte? Wenn Sie den Bericht in Matthäus 1,18-25 nachlesen, dann wird Ihnen auffallen, dass Gott sich selbst darum kümmerte, das Problem zu lösen. Er sandte auch zu Josef einen Engel, um ihm alles zu erklären. Die Folge war, dass Josef sie nicht verließ sondern zur Frau nahm. Aber wer weiß, ob die Leute nicht noch weiter über Maria redeten. Bestimmt kursierten da einige Gerüchte über diese mysteriöse Schwangerschaft!

Bevor ich noch etwas über den Sohn sagen werde, den Maria gebären sollte, möchte ich zunächst einige Schlussfolgerungen aus dem ziehen, was wir bisher gesehen haben.

*Erstens:* Gott sandte immer wieder seine Engel als Botschafter aus, wenn er bestimmten Menschen eine wichtige Botschaft mitteilen wollte. Aber es steht uns Menschen nicht zu von uns aus aktiv den Kontakt mit Engeln zu suchen, wie das heute oft angeregt und praktiziert wird. Wenn wir selbst den aktiven Kontakt mit Engeln zu suchen, dann gehen wir ein großes Risiko ein. Denn mit ziemlicher Sicherheit wird uns kein Engel Gottes erscheinen, sondern ein "gefallener Engel", der sich als "Engel des Lichts" (vgl. 2. Korinther 11,14) verkleidet, obwohl er in Wirklichkeit ein Dämon ist. Falls Gott es wirklich für nötig erachten sollte, uns einen Engel zu senden, dann wird die Initiative von Gott ausgehen. Und wir dürfen sicher sein, dass die Botschaft eines echten Engels Gottes mit Gottes geoffenbartem Wort in der Bibel übereinstimmt und daran beurteilt werden kann (Galater 1,8). Sollte die Botschaft des Engels dem Wort Gottes widersprechen, dann war er sicher kein Bote Gottes!

*Zweitens:* In der Art von Gottes Eingreifen in das Leben Marias kommt seine Souveränität zum Ausdruck. Gott plant, Gott erwählt, Gott wirkt und Gott erfüllt auch, was er verheißt!

*Drittens:* Gottes Macht ist unbegrenzt, für ihn ist nichts unmöglich. Heutzutage stützen sich viele Menschen nur auf ihre eigene Weisheit. Sie glauben nicht, dass Maria Jesus durch den Heiligen Geist empfing. So etwas wäre wissenschaftlich nicht beweisbar. Natürlich ist es das nicht. Es war ein einmaliges Ereignis, das nicht im Labor beliebig oft wiederholt werden kann! Was mich aber am meisten irritiert, ist, dass man zwar einerseits an die Existenz Gottes glauben kann, ihm aber nicht zutraut, eine Jungfrauengeburt zu bewirken. Die Bibel bezeugt uns vom ersten zum letzten Buch die Allmacht Gottes, ebenso die Schöpfung. Gott war, ist und wird immer der

Allmächtige bleiben. Allerdings habe ich gelegentlich den Eindruck, dass wir als heutige Christen in der Gefahr stehen, in unseren Vorstellungen nur von einer begrenzten Macht Gottes auszugehen. Wir können sehr schnell in die Falle tappen zu sagen: „Ja, früher, zur Zeit der Bibel, da wirkte Gott in sehr machtvoller Weise. Heute tut er das nicht mehr..." – Doch Gott ist und bleibt derselbe, gestern, heute und in Ewigkeit.

*Viertens:* Die Haltung von Maria ist etwas, was mich fasziniert. Obwohl sie noch sehr jung war stellte sie ihr Leben Gott ganz zur Verfügung. Sie zeigte Hingabe an Gott, koste es was es wolle. Mit dieser Einstellung ist Maria ein großes Vorbild für uns. – Wir sollen sie deswegen nicht anbeten, auf keinen Fall! (vgl. 2. Mose 20,3-5) – Aber wir sollen ihrem Beispiel folgen. Ohne zu zweifeln, glaubte sie Gottes Wort. Sie akzeptierte was Gott ihr sagte, ohne darüber zu diskutieren. Sie stellte sich Gottes Plan für ihr Leben, ohne sich Sorgen um die Konsequenzen in Bezug auf ihre Verlobung mit Josef zu machen. Sie akzeptierte Gottes Plan, ohne ängstlich zu fragen, was die Leute dazu sagen würden. Ihre Haltung zeigt volles Vertrauen in Gott. – Wie ist das bei uns? Wie hätten wir anstelle von Maria geantwortet?

Bevor ich zum Ende dieses Kapitels komme möchte ich noch ein paar Worte zu Jesus sagen, den Gott durch Maria in die Welt gesandt hat. Der Engel sagte Maria, welchen Namen sie ihrem Sohn geben sollte: JESUS. Für die Juden hatten Namen eine Bedeutung. Der Name "Jesus" bedeutet "Der HERR ist Heil (Rettung)". – Und genau das ist es, was Gott durch Jesus tun möchte: Alle retten, die an ihn glauben.
Doch der Engel sagte noch mehr über Jesus: *„Gott der Herr wird ihm den Thron seines Vaters David geben; und er wird über das Haus Jakobs herrschen in Ewigkeit, und sein Reich wird kein Ende haben."* An diesen Aussagen wird deutlich, dass der Engel Maria ganz klar verkündigte,

dass Jesus der Messias ist, und dass er erfüllen wird, was Gott über ihn durch die Propheten vorhergesagt hatte. Jesaja 7,14: *„Darum wird der Herr selbst euch ein Zeichen geben: Siehe, die Jungfrau wird schwanger werden und einen Sohn gebären und wird seinen Namen Immanuel nennen."* – In Matthäus 1,23, als der Engel Josef die Jungfrauengeburt erklärte, wird dieser Vers zitiert und deutlich gemacht, dass diese Verheißung in Jesus erfüllt wurde. Der Name "Immanuel" bedeutet "Gott mit uns". Durch Jesus ist Gott zu uns auf die Erde gekommen.

Jesaja 9,5-6: *„Denn ein Kind ist uns geboren, ein Sohn uns gegeben, und die Herrschaft ruht auf seiner Schulter. Und man nennt seinen Namen: Wunderbarer, Berater, starker Gott, Vater der Ewigkeit, Friedefürst. Die Mehrung der Herrschaft und der Frieden werden kein Ende haben auf dem Thron Davids und über sein Königreich, um es zu befestigen und zu stützen durch Gericht und durch Gerechtigkeit, von nun an bis in Ewigkeit. Der Eifer des HERRN der Heerscharen wird dies tun."* – In diesen Versen wird das Friedensreich des Messias angekündigt, das Jesus nach seiner Wiederkunft aufrichten wird. In Jesaja 11,1-16 folgt eine Beschreibung, wie dieses Reich aussehen wird.

Gott sprach die zitierten Worte durch den Propheten Jesaja bereits 700 Jahre[10] vor dem Besuch des Engels Gabriel bei Maria. Gott ist treu; er vergisst keine einzige seiner Verheißungen – obwohl es manchmal Jahrhunderte geht, bis sie in Erfüllung gehen. Gott wird alle seine Verheißungen und seinen Plan mit dieser Welt erfüllen, Wort für Wort. Wir finden im Alten Testament sehr viele prophetische Aussagen, die sich bereits im Laufe der Geschichte erfüllt haben. Diese klaren Erweise, dass Gottes Wort wahr ist, sollen uns ermutigen, Gott zu vertrauen, dass er auch die Vorhersagen erfüllen wird, deren Erfüllung bisher noch aussteht. Das gilt genauso für

---

[10] Zu den Funden von Qumran gehörte eine vollständig erhaltene Schriftrolle des Propheten Jesaja, die eindeutig aus dem 1. Jahrhundert vor Christus stammt. Der prophetische Charakter von Stellen wie Jesaja 7,14 oder auch von Jesaja 53 worin das stellvertretende Leiden Jesu vorausgesagt wurde, sind damit nicht zu leugnen.

die Verheißungen über Jesu Wiederkunft, seines Gerichts, sowie des ewigen Lebens aller, die an IHN glauben. Advent bedeutet "Ankunft". In der Adventszeit werden wir an Jesu erstes Kommen erinnert, aber auch daran, dass wir seine Wiederkunft erwarten. Die Adventszeit soll uns ins Nachdenken bringen, ob wir wirklich für Jesu Kommen vorbereitet sind. – Denn eines Tages werden wir alle vor Jesus stehen und vor ihm Rechenschaft ablegen müssen. Wird dieser Moment ein Tag der Freude sein? Oder werden wir uns unseres Lebens hier auf der Erde schämen müssen, weil wir Gottes Einladung nicht angenommen und nicht in der Nachfolge Jesu gelebt haben? Ich möchte Sie ermutigen, sich diesen Fragen zu stellen. Denn es geht letztlich um Ihre Zukunft – und darum, wo und mit wem Sie die Ewigkeit verbringen werden.

Ich möchte Sie gleichzeitig ermutigen, die Advents- und Weihnachtszeit bewusst zu feiern. Im Neuen Testament finden wir keinerlei Hinweise darauf, dass wir diese Zeit feiern sollen. Interessant ist aber ein Blick in das Alte Testament. Dort finden wir mehrere große Feste, die das Volk Israel feiern sollte (z.B. Passah, das Laubhüttenfest, den großen Versöhnungstag). An diesen Festen sollte es sich an Gottes große Taten erinnern und die Erinnerung daran auch an die kommende Generation weitergeben. Die ersten Christen haben dieses Modell aufgenommen und bereits schon früh begonnen am ersten Tag der Woche, dem Sonntag, zusammenzukommen und der Auferstehung Jesu zu gedenken (Apostelgeschichte 20,7; 1. Korinther 16,2). Erst im zweiten Drittel des vierten Jahrhunderts begann man Weihnachten am 25. Dezember zu feiern. In den darauffolgenden Jahrhunderten ist Weihnachten dann zum Hauptfest der westlichen Kirchen geworden.

Es liegt letztlich an uns, ob wir Advent und Weihnachten zu einer Tradition ohne Inhalt verkommen lassen, oder ob wir diese Feste bewusst nutzen, um uns selbst an Gottes wundervolle Taten zu erinnern, über unsere Beziehung zu ihm nachzudenken und auch unseren Kindern von Gott weiterzusagen, damit sie IHN persönlich kennenlernen können.

# Der Lobpreis der Maria

Lukas ist derjenige der vier Evangelisten, der uns am meisten über die Umstände von Jesu Geburt und Kindheit berichtet. In vorigen Kapitel sahen wir, wie der Engel Gabriel Maria die Geburt Jesu ankündigte. Maria antwortete darauf mit den Worten: *„Siehe, ich bin die Magd des Herrn; mir geschehe nach deinem Wort.“* Sie hatte ein bereitwilliges "JA" zu Gottes Plänen und stellte sich mit ihrem ganzen Leben dafür zur Verfügung.

Doch Lukas berichtet uns nicht nur, wie Gott den Engel Gabriel zu Zacharias und zu Maria sandte, um ihnen die Geburt ihrer Söhne anzukündigen. Er berichtet auch vom Zusammentreffen der beiden Mütter. In Lukas 1,39-45 lesen wir über Marias Besuch bei Elisabeth, der Mutter Johannes des Täufers. Als sich Elisabeth und Maria begegneten, waren beide freudig bewegt. Maria begann ganz spontan Gott zu loben:

*„Und Maria sprach: Meine Seele erhebt den Herrn, und mein Geist frohlockt in Gott, meinem Heiland; denn er hat hingeblickt auf die Niedrigkeit seiner Magd; denn siehe, von nun an werden mich glückselig preisen alle Geschlechter. Denn große Dinge hat der Mächtige an mir getan, und heilig ist sein Name; und seine Barmherzigkeit ist von Geschlecht zu Geschlecht für die, die ihn fürchten. Er hat Macht ausgeübt mit seinem Arm; er hat die zerstreut, die in der Gesinnung ihres Herzens hochmütig sind. Er hat Mächtige von Thronen hinabgestoßen und Niedrige erhöht. Hungrige hat er mit guten Gaben erfüllt und Reiche leer fortgeschickt. Er hat sich Israels, seines Knechtes, angenommen, um seiner Barmherzigkeit zu gedenken (wie er zu unseren Vätern geredet hat) gegenüber Abraham und seiner Nachkommenschaft in Ewigkeit.“* (Lukas 1,46-55)

Maria lobt Gott von ganzem Herzen, d.h. mit Seele und Geist. Ihre Beweggründe zum Loben haben direkt mit Gottes Wesen und Gottes Handeln zu tun. Schwierigkeiten, die ihre Schwangerschaft mit sich bringt, treten in den Hintergrund. Indem sie Gott für sein Handeln in ihrem Leben lobt, verherrlicht sie ihn. Maria wurde dazu berufen, die Mutter des Herrn Jesus Christus zu werden. Obwohl sie um dieses große Privileg wusste, blieb sie aber doch demütig und auf dem Boden. Anstatt nun Aufmerksamkeit für sich selbst zu beanspruchen, lenkt sie die ganze Aufmerksamkeit auf Gott. Ihr Lobpreis ist unter dem Titel "Magnificat" in die Kirchengeschichte eingegangen, denn die lateinische Übersetzung des Lobgesangs beginnt mit "Magnificat anima mea Dominum" ("Meine Seele preist den Herrn").

In Lukas 1,48-49 nennt Maria drei Gründe, warum sie so glücklich über Gott ist. Jeder Grund beginnt mit einem "denn":

1. „...denn er [Gott] hat hingeblickt auf die Niedrigkeit seiner Magd ...“

D.h. obwohl sie von niedriger Herkunft und unbedeutend war, hat Gott sie nicht abgelehnt. Wir beurteilen die Menschen ja oft nach ihrem Erscheinungsbild, ihrem Status und ihrem Vermögen. Maria hätte bei der Suche nach dem "Superstar" oder dem "Top-Modell" vermutlich damals wie heute nicht mithalten können. Trotzdem wurde sie "entdeckt" und von Gott zu einem "Weltstar" gemacht, dessen Berühmtheit nun fast zwei Jahrtausende überdauert hat. Dass sie sich der Tragweite ihrer Berufung irgendwie bewusst war, kommt bei der zweiten Begründung zum Ausdruck:

2. „...denn siehe, von nun an werden mich glückselig preisen alle Geschlechter.“

D.h. man wird sie zu allen Zeiten glücklich preisen oder beglückwünschen, dass sie dieses große Privileg hatte, Jesu Mutter werden zu dürfen. Wir dürfen uns mit und für Maria über dieses Privileg freuen. Und Maria ist sicher auch ein großes Vorbild mit ihrem einfachen Glauben und ihrer bereitwilligen Hingabe an Gott. Dass sie Jesu Mutter wurde hat auch manches Leid in ihr Leben gebracht. Nach Jesu Geburt, als Maria und Josef mit ihm im Tempel waren, begegneten sie Simeon. Prophetisch redend, sagte er über Jesus: *„Siehe, dieser ist gesetzt zum Fall und Aufstehen vieler in Israel und zu einem Zeichen, dem widersprochen wird, aber auch deine eigene Seele wird ein Schwert durchdringen, damit die Überlegungen vieler Herzen offenbar werden."* (Lukas 2,34-35). – Als Jesus am Kreuz starb, stand Maria dabei und litt mit, so wie eine Mutter mit ihren Kindern mitleidet.

Es besteht aber auch die Gefahr im "Glücklichpreisen Marias" Grenzen zu überschreiten: In der Katholischen Kirche, insbesondere in Spanien und in Südamerika konnte ich beobachten, wie Maria sehr viel Aufmerksamkeit zuteil wird. Ich frage mich immer wieder: Hätte Maria das so gewollt? Ich glaube nicht! Der Evangelist Lukas war in den Jahren 57 - 59 n. Chr. in Israel. Er war als Reisebegleiter des Paulus mit nach Jerusalem gekommen. Paulus wurde kurz nach seiner Ankunft in Jerusalem gefangen genommen und dann in Cäsarea inhaftiert. Er wartete dort ungefähr zwei Jahre lang auf seinen Prozess. Lukas nutzte diese Zeit als Geschichtsschreiber[11], um Zeitzeugen kennen zu lernen und über Jesus zu befragen. Mit ziemlicher Sicherheit hat er auch Maria über die Umstände der Geburt Jesu befragt und auf diese Weise Informationen über die Ereignisse während ihres Besuches bei Elisabeth erhalten. Nichts in Lukas Bericht deutet darauf hin, dass Maria einen Anspruch auf besondere Verehrung stellen würde. Die Anbetung Marias und das Gebet zu ihr überschreitet Grenzen, weil sie dadurch ins Göttliche gerückt wird. Die Bibel beschreibt Maria nirgends als "Himmelskönigin". Sie selbst erhob auch niemals den Anspruch eine solche zu sein bzw. zu werden.

---

[11] Siehe dazu Lukas Einleitung in sein Evangelium (1,1-4). In Lukas 1,3-4 macht er folgende Aussage: *„der ich allem von Anfang an genau gefolgt bin, es dir, vortrefflichster Theophilus, der Reihe nach zu schreiben, damit du die Zuverlässigkeit der Dinge erkennst, in denen du unterrichtet worden bist."* (Hervorhebungen durch den Autor)

## 3. „Denn große Dinge hat der Mächtige an mir getan, und heilig ist sein Name..."

Diese große Tat Gottes an Maria bezieht sich auf die Empfängnis Jesu durch den Heiligen Geist. Diese Empfängnis durch den Heiligen Geist, wie sie auch im Apostolischen Glaubensbekenntnis bekannt wird, wird heutzutage immer wieder bezweifelt. Oft wird sie "wegrationalisiert", weil der Gedanke nicht mehr in unser aufgeklärtes Weltbild passen würde. Manche Theologen deuten sie "symbolisch", nicht biologisch; Andere meinen, für das Motiv der Jungfrauengeburt seien "theologische Aussageabsichten ohne historischen Gehalt" maßgebend gewesen.

Aus welchem Grund auch immer die Jungfrauengeburt bezweifelt wird, auf jeden Fall ist damit eine bestimmte Idee über Gott verknüpft: Gott wird entweder nur auf ein kleines "Göttchen" (vielleicht auch einen hilflosen alten Mann mit grauem Bart) reduziert, oder seine Existenz wird völlig abgelehnt. Maria dagegen stellt uns einen großen Gott vor, dessen Handeln sie in ihrem Leben konkret erlebt hat. Nur deshalb hatte sie überhaupt einen Grund zum Lobpreis. Und nur aus diesem Grund haben wir den Bericht von dem Arzt und Historiker Lukas, der "alles genau erforscht hat" (vgl. Lukas 1,1-4).

Die Leugnung der Jungfrauengeburt hat aber noch andere, theologische Konsequenzen. Wäre Jesus nicht durch den Heiligen Geist empfangen worden, dann wäre er nur Mensch – und nicht Gott und Mensch. Damit wäre Jesus nicht sündlos gewesen und sein Opfertod am Kreuz wäre schlicht sinnlos gewesen. Zumindest für uns hätte er keinerlei Auswirkungen gehabt, wir hätten keinerlei Sündenvergebung! Jesus wäre nur einer von tausenden anderen Gekreuzigten im römischen Reich gewesen. Wir sehen, so leicht können wir es uns nicht machen. Wenn wir Aussagen der Bibel anzweifeln oder gar leugnen, dann hat das gewaltige Auswirkungen auf die *gesamte* Heilslehre.

Wie schon gesagt, Maria stellt uns einen großen, mächtigen Gott vor. Sie selbst hat sein Handeln leibhaftig erlebt und tritt als Zeugin für Gott auf.

In Lukas 1,50-55 rückt sie Gottes Wesen und Handeln noch mehr in den Mittelpunkt. Bereits schon in den Versen davor gebrauchte sie vier Bezeichnungen, um von Gott zu sprechen:

- Herr (griechisch: "Kyrios") – Sie macht damit deutlich: Gott ist die oberste Instanz des Universums, nicht der Kaiser in Rom, der sich diesen Titel vorbehalten hatte!
- Gott, ihren Heiland (Retter).
- Der Mächtige.
- Dessen Name heilig ist (bzw. „heilig ist sein Name").

Wir sehen, ihr Lobpreis ist voller Theologie, voller Lehre über das Wesen und die Person Gottes. Das ist wichtig. Wir brauchen auch Theologie, und zwar auf die Bibel gegründete Theologie, um Gott richtig anbeten zu können!

Im weiteren Verlauf ihres Lobpreises werden zwei Eigenschaften von Gottes Wesen besonders betont: seine Barmherzigkeit und seine Macht. In drei Beispielen wird beides anhand von Gottes Handeln veranschaulicht.

Zunächst zu Gottes Barmherzigkeit. Der Begriff, der in Vers 50 mit "Barmherzigkeit" übersetzt ist, bedeutet auch "Erbarmen" oder "Mitleid". Gott ist barmherzig, d.h. er leidet mit an dem Elend und Chaos, in das unsere Sünde diese Welt gestürzt hat. Barmherzigkeit ist auch der Grund, warum Gott Jesus, den Retter, in diese Welt sandte. Bei seinem ersten Kommen nahm sich Jesus des Problems der Sünde an und schuf einen Ausweg, um uns mit Gott zu versöhnen. Bei seinem zweiten Kommen wird er dem Elend und Chaos ein Ende bereiten und diese Welt richten.

Der Empfang von Gottes Barmherzigkeit ist gekoppelt an die Gottesfurcht des Menschen. In 1.Petrus 5,5 wird das so ausgedrückt: *„Gott widersteht den Hochmütigen [Stolzen], den Demütigen aber gibt er Gnade."*

Gottesfurcht bedeutet zu erkennen, wer Gott ist und wer ich bin. Es bedeutet, Gott als Gott anzuerkennen, zu respektieren, zu ehren und mich ihm zu unterstellen. Es geht dabei um eine grundsätzliche Gesinnung bzw. Herzenshaltung, die unser Handeln bestimmt. Nun zu Gottes Macht. Die Sache mit der Macht ist ja so ein Thema. Welche Gedanken (und Befürchtungen) verbinden wir mit Macht? Abraham Lincoln sagte: „Willst du den Charakter eines Menschen erkennen, so gib ihm Macht." Sicherlich kennen wir alle Menschen, deren Zugang zu Macht ganz finstere Seiten hervorgebracht hat, d.h. Menschen, die letztlich ihre Macht missbraucht haben. Wie ist das nun bei Gott? In ihrer "Theologie des Lobpreises" bezeichnete Maria Gott als heilig, d.h. Gott ist absolut vollkommen und rein. Gott missbraucht seine Macht nicht! Gott ist auch barmherzig und geduldig. Das bedeutet, dass er nicht gleich dreinschlägt und straft, sondern langsam zum Zorn ist. Wenn das Maß jedoch voll ist, setzt Gott seine Macht aber sehr wohl ein, um den Schuldigen zu strafen.

Maria führt in ihrem Lobpreis drei Beispiele an, wie sich Gottes Macht und seine Barmherzigkeit immer wieder ganz konkret in der Weltgeschichte zeigen. Dabei geht das Eine (Gottes Machterweis) oft Hand in Hand mit dem Anderen (Gottes Erweis der Barmherzigkeit):

1. Beispiel: *„Er hat Mächtige von Thronen hinabgestoßen und Niedrige erhöht."*

Ich muss dabei an zwei Lieder denken, die zu DDR-Zeiten in der damaligen DDR geschrieben und dort in den Gemeinden gesungen wurden. Das Lied: "Gott ist immer noch Gott, Gott ist immer, Gott ist Gott!" stammt von Eberhard Laue (1980). Und in dem Lied "Wer Gott folgt, riskiert seine Träume" von Theo Lehmann und Jörg Swoboda (1987 oder früher geschrieben) heißt es: „Die Mächtigen kommen und gehen, und auch jedes Denkmal mal fällt. Bleiben wird nur, wer auf Gottes Wort steht, dem sichersten Standpunkt der Welt! Und lehrt eure

Kinder das eine, dass über Gott keiner mehr steht, dass auch der Größte klein beigeben muss, wenn Gott kommt und alles vergeht." – Wie recht sollten die Autoren dieser Lieder haben! Wir selbst wurden vor 25 Jahren Augenzeugen dieses dramatischen Wandels. Wer hätte gedacht, dass die Mauer jemals fallen würde? Oder denken wir an einen Lech Walesa, der vom Elektriker der Lenin-Werft zum Staatspräsidenten Polens wurde.

2. Beispiel: *„Hungrige hat er mit guten Gaben erfüllt und Reiche leer fortgeschickt."*

Hier haben wir eine Parallele zum ersten Beispiel. Mir kam dazu Erich Honecker in den Sinn. Nach dem Zusammenbruch seines Regimes war er unerwünscht und wohnungslos geworden. Nach einem Krankenhausaufenthalt fand er für 10 Wochen Zuflucht in einem evangelischen Pfarrhaus[12] in Lobetal.

3. Beispiel: *„Er hat sich Israels, seines Knechtes, angenommen, um seiner Barmherzigkeit zu gedenken..."*

Gottes Barmherzigkeit zeigt sich auch in seiner Treue zum Volk Israel. Dieses auserwählte Volk wurde seinem Gott immer wieder untreu. Und trotzdem steht Gott zu seinen Versprechen, die er Abraham und seinen Nachkommen gegeben hat. Ich denke da besonders an die Verheißung an Abraham in 1. Mose 12,3: *„...und in dir sollen gesegnet werden alle Geschlechter der Erde!"* Eine Verheißung, die durch Jesu Kommen erfüllt wurde. Jesu Kommen bedeutete eine Gnadenzeit für Israel – inmitten von Turbulenzen. Aber mehr noch: sein Kommen bedeutet den Anbruch einer Gnadenzeit für alle Völker. Kehrt um, und *„lasst euch versöhnen mit Gott!"* (vgl. 2.Korinther 5,20).

---

[12] Siehe dazu das Buch von Uwe Holmer: **Der Mann, bei dem Honecker wohnte.** SCM Hänssler, 2009. ISBN 978-3-7751-4582-4

Welche Lehren können wir für uns persönlich aus dem Lobpreis und der Theologie des Lobpreises Marias ziehen?

1. Gott lehnt niemanden wegen seiner Herkunft ab. Er bevorzugt aber auch niemanden.

Auch wir haben – wegen Jesus – allen Grund zu jubeln und Gott anzubeten. Jesus starb für unsere Schuld am Kreuz. Sein Rettungsangebot gilt uns allen! In Galater 3,28 schreibt Paulus: *„Da ist nicht Jude noch Grieche, da ist nicht Sklave noch Freier, da ist nicht Mann und Frau; denn ihr alle seid einer in Christus Jesus."*
Der Punkt, an dem sich unser Verhältnis zu Gott entscheidet, ist unsere Gottesfurcht. Es ist mir wichtig, das nochmals festzuhalten. Denn in den, von Maria angeführten Beispielen, wurden die einen nicht abgelehnt, weil sie mächtig oder reich waren. Die anderen wurden auch nicht deswegen erhöht oder gesegnet, weil sie niedrig oder arm waren. Der letztlich entscheidende Grund war ihre Einstellung Gott gegenüber: die einen waren hochmütig (V. 51), die anderen gottesfürchtig (V. 50).
Unsere Gottesfurcht zeigt sich schlussendlich daran, wie wir zu Jesus stehen. Nehmen wir ihn als Herrn und Heiland an? Oder verwerfen wir ihn?

2. Unser persönliches Schicksal entscheidet sich an unserer Haltung gegenüber Gott, insbesondere gegenüber Jesus.

In der 4. Strophe des Liedes[13] von Paul Gerhard "Wie soll ich dich empfangen" heißt es:

> „Ich lag in schweren Banden,
> du kommst und machst mich los;
> ich stand in Spott und Schanden,
> du kommst und machst mich groß
> und hebst mich hoch zu Ehren

---

[13] Lied Nr.11 im Evangelischen Gesangbuch

und schenkst mir großes Gut,
das sich nicht lässt verzehren,
wie irdisch Reichtum tut."

Als Gläubige sind wir Kinder eines mächtigen und barmherzigen Vaters. Auch, wenn es in Zukunft durch manche Krise gehen mag, wir dürfen IHM vertrauen. ER ist da. ER hat die Macht uns mit viel oder wenig zu helfen. Vor allem aber gibt er uns eine ewige Perspektive, über diese Welt und über dieses Leben hinaus.

3. Die Welt ist in der Krise – ist das ein Reden Gottes?

Maria erwähnte Gottes Macht, den Lauf der Geschichte zu ändern. Ich glaube, dass Gott diese Macht auch heute noch besitzt und ausübt. – Denn er hat sich nicht geändert. Manches, was uns die Zukunft bringen wird, wird sich an unserer Einstellung zu Gott entscheiden. Das gilt sowohl im Positiven wie im Negativen. Ich beziehe mich dabei auf unsere kollektive Einstellung als Volksgemeinschaft. Wie stehen wir als Gesellschaft zu Gottes Maßstäben? Während der Finanzkrise ist zumindest ein Stück weit eine Werte-Diskussion in Gang gekommen, die wir in unserer Gesellschaft auch dringend brauchen. Die entscheidende Frage ist aber: Worauf gründen wir unsere Werte? Auf menschliche Ideen, die sich drehen und verändern wie das Fähnchen im Wind? Oder auf Gottes unverrückbare Maßstäbe?

4. „Große Dinge hat der Mächtige an mir getan" sagte Maria.

Auch an uns hat Gott immer wieder Großes getan. Ich weiß nicht, wann Sie diese Zeilen lesen werden. Ob es mitten im Lauf des Jahres ist, oder während der Adventszeit.
Auf jeden Fall möchte ich kurz auf die Adventszeit eingehen. Es gibt verschiedene Arten, diese Zeit zu betrachten: Als nette Tradition mit Glühwein und guter

Stimmung, die Jesus aber im Wesentlichen ignoriert. Als reines Geschäft: "Süßer die Kassen nie klingen..." Oder als gute und bewusste Tradition, um sich an die großen Taten Gottes zu erinnern. Als Familie haben wir uns vor mehreren Jahren dazu entschlossen, die Adventszeit zu nutzen, um bewusst Akzente zu setzen. Inmitten des beginnenden "Weihnachtsstresses" wollen wir die Geschwindigkeit etwas verlangsamen und innehalten. Dazu setzen wir uns abends um den Adventskranz zusammen, singen Lieder, lesen eine Fortsetzungsgeschichte[14], sprechen darüber und beten miteinander.

Psalm 103 fordert uns auf, Gottes Wohltaten nicht zu vergessen, sondern ihn vielmehr dafür zu loben: *„Preise den HERRN, meine Seele, und all mein Inneres seinen heiligen Namen! Preise den HERRN, meine Seele, und vergiss nicht alle seine Wohltaten! Der da vergibt alle deine Ungerechtigkeit, der da heilt alle deine Krankheiten; der dein Leben erlöst von der Grube, der dich krönt mit Güte und Erbarmungen; der mit Gutem sättigt dein Alter; deine Jugend erneuert sich wie die des Adlers."*

Ich möchte Sie ermutigen, die Adventszeit bewusst zu nutzen, um einen Gang zurückzuschalten. Nehmen Sie sich Zeit um darüber nachzudenken und sich bewusst zu machen, was Gott Ihnen im vergangenen Jahr Gutes getan hat. Nehmen Sie sich Zeit, Gott immer wieder dafür zu danken, insbesondere auch dafür, dass er seinen Sohn gesandt hat, um uns zu retten und unser Leben zu erneuern.

---

[14] Es gibt sehr gute Fortsetzungsgeschichten von Hildegard Krug, z.B. "Es weihnachtet wieder bei Wisselmanns" oder "Advent im fröhlichen Pfarrhaus" sowie Folgebände. Die Geschichten beginnen gewöhnlich am 1. Advent und gehen bis zum Heiligen Abend. Erhältlich bei Amazon oder Booklooker, einfach "Hildegard Krug" als Suchbegriff eingeben.

# Die Weihnachtsgeschichte

Im vorletzten Bibelabschnitt, den ich in diesem Buch besprechen möchte, geht es um die Weihnachtsgeschichte. Der Bericht über Jesu Geburt steht in Lukas 2,1-7:

*„Es geschah aber in jenen Tagen, dass eine Verordnung vom Kaiser Augustus ausging, den ganzen Erdkreis einzuschreiben. Die Einschreibung selbst geschah als erste, als Kyrenius Statthalter von Syrien war. Und alle gingen hin, um sich einschreiben zu lassen, jeder in seine Stadt. Es ging aber auch Joseph von Galiläa aus der Stadt Nazareth hinauf nach Judäa in die Stadt Davids, die Bethlehem heißt, weil er aus dem Haus und der Familie Davids war, um sich einschreiben zu lassen mit Maria, seiner verlobten Frau, die schwanger war. Es geschah aber, als sie dort waren, dass die Tage erfüllt wurden, dass sie gebären sollte; und sie gebar ihren erstgeborenen Sohn und wickelte ihn in Windeln und legte ihn in eine Krippe, weil in der Herberge kein Raum für sie war."*

Wie wir in diesem Bericht über die Geburt Jesu lesen, fand diese zunächst ganz privat, im Verborgenen statt. Doch sie blieb nicht im Verborgenen, denn diese Frohe Botschaft, dass der Retter geboren wurde, musste ans Licht, an die Öffentlichkeit: Alle müssen davon hören – auch heute noch!
In Lukas 2,8-20 wird berichtet, wie die Geschichte weiter ging:

*„Und es waren Hirten in derselben Gegend, die auf freiem Feld blieben und in der Nacht Wache hielten über ihre Herde. Und siehe, ein Engel des Herrn trat zu ihnen, und die Herrlichkeit des Herrn umleuchtete sie, und sie fürchteten sich mit großer Furcht. Und der Engel sprach zu ihnen: Fürchtet euch nicht, denn siehe, ich verkündige euch große Freude, die für das ganze Volk sein wird; denn euch ist heute in der Stadt Davids ein Erretter geboren, welcher ist Christus, der Herr. Und dies sei euch das*

*Zeichen: Ihr werdet ein Kind finden, in Windeln gewickelt und in einer Krippe liegend. Und plötzlich war bei dem Engel eine Menge des himmlischen Heeres, das Gott lobte und sprach: Herrlichkeit Gott in der Höhe und Friede auf der Erde, an den Menschen ein Wohlgefallen! Und es geschah, als die Engel von ihnen weg in den Himmel auffuhren, dass die Hirten zueinander sagten: Lasst uns nun hingehen nach Bethlehem und diese Sache sehen, die geschehen ist, die der Herr uns kundgetan hat. Und sie kamen eilends und fanden sowohl Maria als auch Joseph, und das Kind in der Krippe liegen. Als sie es aber gesehen hatten, machten sie das Wort kund, das über dieses Kind zu ihnen geredet worden war. Und alle, die es hörten, verwunderten sich über das, was von den Hirten zu ihnen gesagt wurde. Maria aber bewahrte alle diese Worte und erwog sie in ihrem Herzen. Und die Hirten kehrten zurück und verherrlichten und lobten Gott für alles, was sie gehört und gesehen hatten, so wie es ihnen gesagt worden war."*

Lukas nimmt uns hier mitten hinein in das weitere Geschehen - gleich nach der Geburt Jesu. In drei Abschnitten wollen wir den Dingen auf den Grund gehen:
1. Die Begegnung mit dem Engel
2. Die Reaktion der Hirten
3. Die Reaktionen der Hörer

Das Ganze beginnt – wie viele Ereignisse um die Geburt Jesu – mit einem besonderen Postboten:

## 1. Die Begegnung mit dem Engel

Zunächst wird unser Blick auf die Hirten gelenkt. Bereits im AT wird der Beruf des Hirten immer wieder erwähnt. Mose und David haben ihn ausgeübt. Psalm 23 - "Der HERR ist mein Hirte", ist wahrscheinlich der bekannteste Psalm überhaupt. Doch dieses positive Bild vom Hirten, das wir vom Alten Testament her kennen, existierte damals nicht mehr. Als Jesus geboren wurde, waren die Hirten verachtete Leute. Man hatte sie in Verdacht, dass sie es mit "mein" und "dein" nicht so genau nähmen.

Irgendwo in der Gegend um Bethlehem waren also diese Hirten auf freiem Feld. Obwohl man auch damals die Tiere für die Nacht zusammentrieb und einzäunte, war an Schlaf nicht zu denken. Die Hirten hielten Wache, um die Herde vor Dieben oder wilden Tieren zu schützen. Denn für jedes Tier, das dadurch verloren ging, musste der Hirte Schadenersatz leisten.

Doch plötzlich wird die übliche Routine dieser Nachtwache gestört. Sie bekommen Besuch aus einer anderen Welt. Eine neue, unbekannte Dimension tut sich ihnen auf. Der für sie ferne und unsichtbare Gott hat seinen Engel zu ihnen gesandt. Und ihre Reaktion ist Angst. Nicht ein bisschen Angst, sondern riesige Angst: "sie fürchteten sich sehr".

Was war das für eine Furcht? War es nur der Schrecken über das plötzliche Erscheinen eines Engels? War es die Angst vor einem unbekannten Engelwesen? – Man erlebt das ja nicht jeden Tag! – Das alles mag eine Rolle gespielt haben. Aber es ist nicht der Hauptgrund für ihre große Furcht. Der Hauptgrund ist die Herrlichkeit Gottes, die sie "umleuchtete". In Jesus-Filmen wird diese Engel-Begegnung ja immer wieder mit Licht dargestellt. Es wird plötzlich hell – mitten in der Nacht.

Ja, es wurde plötzlich hell bei den Hirten. Vielleicht auch mit sichtbarem Licht. Aber es wurde vor allem das Leben der Hirten hell! Ihr Leben wurde ins Licht gestellt. Der große Kontrast wurde ihnen deutlich. Im Licht der Herrlichkeit Gottes erkannten sie ihre Defizite. Sie erkannten, dass sie – so wie sie sind – nicht vor Gott bestehen können. Und diese Erkenntnis macht Angst; den Hirten damals, aber auch uns heute. Wenn uns das ganze Ausmaß unserer Sündhaftigkeit und Verlorenheit bewusst gemacht und vor Augen gestellt wird, dann ist Schluss mit lustig. Als Menschen können wir uns lange Zeit etwas vormachen. Wir können uns lange Zeit damit vertrösten, dass wir doch eigentlich ganz okay wären. Bei uns Schwaben heißt es "Ich bin rächt, i bin guad, i tua närmerd abbis z´loid!" (Ich bin rechtschaffen, ich bin gut, ich tue niemandem etwas zuleide). Wir können uns sogar fromm vertrösten: "Ich bin doch getauft." "Ich bin Mitglied in der Kirche." "Ich gehe doch in den Gottesdienst." Etc. Und selbst mit unseren Schwächen – wenn sie sich einigermaßen in Grenzen halten – können wir ganz gut alleine zurecht kommen: "Nobody is perfect!" – Keiner ist vollkommen!

Aber wenn Gott uns mit seiner Herrlichkeit konfrontiert, wenn Gott durch das Wort der Bibel und seinen Heiligen Geist Licht auf unser Leben wirft, dann erkennen wir die Realität. Dann hören wir auf darüber zu diskutieren, ob denn nun der Mensch einen guten Kern habe, oder ob er von Grund auf böse sei. Nein, dann erkenne ich: *Ich* bin ein Sünder. *Ich* kann vor Gott nicht bestehen.

Würde es bei dieser Erkenntnis bleiben, dann wäre ein schreckliches Ende vorprogrammiert: Selbstverdammnis, Depression, Verzweiflung, Hoffnungslosigkeit. Doch mitten hinein in diese Erkenntnis, die massive Furcht ausgelöst hat, verkündigte der Engel Hoffnung. Er beruhigte die Hirten zunächst einmal: "Fürchtet euch nicht!"

Er war nicht gekommen, um sie zu bestrafen oder zu verdammen. Er war gekommen, um Freude zu verkündigen – und zwar nicht nur für die Hirten, sondern für das ganze Volk. Der Grund zur Freude bestand darin, dass ein Retter geboren ist. Sie steckten zwar mitten im Sumpf der Sünde – und konnten sich selbst nicht daraus befreien. Aber zu ihnen ist ein Retter gekommen. Und dieser Retter würde ihnen heraushelfen. Das ist der Inhalt des Evangeliums, der besten Nachricht aller Zeiten: Der heilige Gott rettet sündige Menschen aus ihrer Verlorenheit!

Doch dieser Retter ist gleichzeitig auch der König von Israel. Er ist der Christus, der Messias. Er ist der seit Jahrhunderten verheißene Thronfolger von König David, der ein ewiges Königreich aufrichten wird. Davids Stadt, die hier genannt wird, ist Bethlehem, der Geburtsort von König David. Bereits 700 Jahre vorher wurde Jesu Geburt in Bethlehem vom Propheten Micha (5,1) vorausgesagt: *„Und du, Bethlehem-Ephrata, zu klein, um unter den*

*Tausenden von Juda zu sein, aus dir wird mir hervorkommen, der Herrscher über Israel sein soll; und seine Ursprünge sind von der Urzeit, von den Tagen der Ewigkeit her.*"

Der Engel verkündigte indirekt auch die Erfüllung dieser Verheißung. Und dann nannte er den Hirten ein Zeichen, das als Bestätigung seiner Botschaft diente. Wer weiß, was für eine spektakuläre Sache die Hirten nun erwarteten? Was hätten wir erwartet? Etwas total Außergewöhnliches? Vermutlich schon. Was nun kam, war banal und spektakulär zugleich: *„Ihr werdet ein Kind finden, in Windeln gewickelt und in einer Krippe liegend.*"

Ein kleines Kind ist zunächst nichts Außergewöhnliches. Das Außergewöhnlichste an dem Zeichen war, dass das Kind in einer Futterkrippe lag! – Und doch war es etwas Außergewöhnliches: Der Retter, der Messias – ein kleines, hilfloses Kind!

Nun, wir wissen, wie die Geschichte ausgegangen ist, die Hirten damals wussten es noch nicht. Von ihnen wurde Glaube gefordert. Denn die kommende Rettung am Kreuz lag für sie noch in der Zukunft. Und was hätte nach menschlichem Ermessen diesem Kind nicht alles zustoßen können!

Nicht genug, dass ein Engel seine Botschaft weitergegeben hatte, es tauchten ganze Scharen weiterer Engel auf, die Gott lobten und verherrlichten.

Vielleicht wurde es deutlich, von welchen Gegensätzen diese Begegnung geprägt war. Zwei völlig verschiedene Welten prallten aufeinander: Auf der einen Seite Menschen, die gesellschaftlich auf einer der untersten Stufen standen, auf der anderen Seite Engel und die Herrlichkeit Gottes.

Der Engel verkündigte die Geburt des Königs von Israel, doch man könnte meinen, der himmlische Postbote habe versehentlich die falsche Adresse erwischt. Er hätte doch besser zum König Herodes gehen sollen, oder zumindest zum Hohenpriester von Israel. Das hätte dem Stand des neugeborenen Königs von Israel besser entsprochen! Oder?

Der Engel verkündigte die Geburt eines Retters - doch anstelle eines großen, starken Helden kam auf einmal ein kleines, hilfloses Baby ins Spiel. Und wir merken, wir kommen mit unserer menschlichen Logik nicht mehr weiter. Doch Gottes Art zu handeln ist anders. Er geht immer wieder Wege, die uns ungewöhnlich erscheinen, wie wir auch in den folgenden Abschnitten sehen werden.

## 2. Die Reaktion der Hirten

Es wird nicht berichtet, wie lange die Begegnung mit dem Engel gedauert hat und wie lange die Hirten den Lobpreis der himmlischen Heerscharen gehört haben. Doch so plötzlich, wie sie aufgetaucht waren, waren sie auch wieder verschwunden.

Für die Hirten war diese Begegnung ein einschneidendes Erlebnis, das sie veränderte. Sie haben erlebt, wie Gott zu ihnen geredet hat. Sie konnten nicht einfach wieder zur Tagesordnung zurückkehren. So wie wir es ja nach Festen wie Weihnachten, Ostern usw. gewöhnlich tun. Irgendwie ist es ganz normal, dass uns der Alltag wieder einholt und viele Dinge einfach ihren normalen, geregelten Lauf nehmen. Und wahrscheinlich ist bei den Hirten irgendwann auch wieder der Alltag eingekehrt. Aber ich glaube, er war anders. Anders, weil sie eine Begegnung mit der Herrlichkeit Gottes hatten. Anders, weil Gott konkret zu ihnen geredet hatte. Und vor allem, weil sie auf Gottes Reden reagiert haben. Sie haben nicht nochmals eine Nacht abgewartet. Sie haben nicht nochmals "drüber geschlafen" – "morgen sieht ja alles wieder nüchterner und realistischer aus".

Nein, die Hirten haben sich auf den Weg gemacht. Nicht gemütlich, sondern eilend. Und wer weiß, ob sie Jesus ein oder zwei Tage später wirklich noch gefunden hätten?

Dieser Punkt ist sehr wichtig für uns. Reagieren wir, wenn Gott zu uns redet? Vor allem: tun wir auch, was Gott uns sagt? Manchmal müssen wir sehr schnell reagieren. Manchmal geht es wirklich um Leben oder Tod. Manchmal ist es wirklich die letzte Chance: Den anderen vor seinem

Tod noch auf Jesus hinzuweisen. Oder die letzte Chance vor dem eigenen Tod sein Leben mit Gott in Ordnung zu bringen, indem man Sünde bekennt, Schuld bereinigt und Jesu Rettungsangebot annimmt.

Es gibt viele Berichte, wie Menschen sofort auf Gottes Reden reagiert und letzte Chancen wahrgenommen haben. Aber auch Berichte, wo diese Gelegenheiten vertan wurden. Die Hirten haben gehandelt. Sie kamen und sie sahen. Sie erhielten dadurch Bestätigung und Gewissheit, dass es genauso war, wie der Engel gesagt hatte. Und auch das begegnet uns im Glaubensleben immer wieder. Erst dann, wenn wir auf Gottes Reden hin handeln, bekommen wir Gewissheit, dass es wirklich so ist, wie Gott gesagt hat (vgl. Johannes 7,16-17).

Ich kann mir gut vorstellen, wie die Hirten total begeistert waren, als sie Maria, Josef und den kleinen Jesus gefunden hatten. Und wie dann ihr volles Herz überlief und sie nicht mehr schweigen konnten. Und plötzlich wurden die Hirten, die erst vor kurzem einem Boten Gottes begegnet waren, selbst zu Boten Gottes! Sie wurden zu Zeugen, sie redeten von dem, was sie gehört und gesehen hatten.

Auch hierin sehen wir wieder Gottes Größe und Souveränität: Gott gebrauchte Menschen, die damals nicht einmal vor Gericht als Zeugen zugelassen waren – als Zeugen für seinen Sohn! Eine solche Geschichte hätte sich damals wahrlich niemand ausgedacht, wenn sie nicht *wirklich* geschehen wäre!

Im letzten Abschnitt sehen wir:

### 3. Die Reaktionen der Hörer

Uns wird nicht berichtet, wie vielen Menschen die Hirten von der Geburt Jesu erzählten. Ob sie nur mit Maria, Josef und vielleicht sonst noch Anwesenden (Josef hatte ja vermutlich Verwandte in Bethlehem) darüber sprachen. Oder ob sie so eine Art "Straßeneinsatz" durchführten und jedem, dem sie begegneten, davon erzählten. Uns wird nur berichtet, wie andere Menschen auf das Zeugnis der Hirten reagierten.

Eine der Reaktionen war Verwunderung. Vielleicht sagten die Leute: „Was soll das?" „Was reden die Hirten da für ein Zeugs? - Die kann man sowieso nicht richtig ernst nehmen!" „Was, ein Engel ist ihnen erschienen – na, die haben wohl mal wieder zu tief ins Glas geschaut." „Was, der Messias in einer Futterkrippe?! – Also das ist doch eine Zumutung!" So ähnlich könnte ich mir die Reaktionen vorstellen. Ein kurzes Erstaunen über eine Sache, die den Leuten irgendwie seltsam vorkam. Aber nur kurz – schnell wieder vergessen.

Einen direkten Gegensatz dazu bildete die Reaktion von Maria. Sie nahm die Worte der Hirten nicht nur ins Kurzzeitgedächtnis auf. Sie bewahrte sie, d.h. sie behielt sie im Gedächtnis und erwartete die Erfüllung. Vielleicht dachte sie darüber nach: „Wie wird mein Sohn Jesus zum Retter werden? Was wird geschehen, wenn er als Messias die Herrschaft in Israel einnimmt?" Auf jeden Fall hat sie die Worte der Hirten nicht wieder vergessen.

Aber auch eine weitere Reaktion der Hirten auf alles, was sie gehört und gesehen haben, wird uns berichtet: Sie priesen und lobten Gott – so wie die himmlischen Heerscharen, die sie kurze Zeit vorher gehört hatten. Sie kehrten zwar zurück in ihren Alltag, aber anders, verändert. Sie hatten Gott erlebt. Sie hatten Jesus, den Retter, gefunden. Dadurch wurden sie von innen heraus verändert. Ihr Leben bekam eine neue Qualität – durch Gott.

Wir haben gesehen, auf welch ungewöhnliche Weise Gott die Geburt seines Sohnes bekannt gemacht hat. Doch nicht nur dieses Ereignis war ungewöhnlich. Das ganze Evangelium ist ungewöhnlich: Gott wurde in Jesus Mensch. Jesus starb am Kreuz. Jesus stand von den Toten auf. Gott schenkt Errettung – umsonst, aus Gnade. Schon oft habe ich als Reaktion darauf gehört: „Das ist mir zu einfach! So einfach kann es doch nicht sein! Ich muss doch auch etwas dazu tun."

Nein, wir können nichts dazu tun. Wir können uns durch eigenes Bemühen die Rettung nicht verdienen. Gott behält allen Ruhm und alle Ehre für unsere Erlösung ausschließlich sich selbst vor.

Gott hat die Sache mit unserer Erlösung absichtlich so einfach gemacht, damit es jeder verstehen kann – unabhängig von seiner Bildung oder seinem sozialen Stand. So wie hier die Hirten. Das einzige, was wir tun können, ist dieses Geschenk der Rettung bewusst und dankbar annehmen. Weihnachten ist eine gute Gelegenheit, das konkret und ganz persönlich zu tun. Vielleicht mit einem Gebet wie diesem:

> „Herr Jesus, ich danke Dir dafür, dass Du die Herrlichkeit im Himmel verlassen hast und Mensch geworden bist. Ich danke Dir dafür, dass Du am Kreuz für meine Schuld und Sünde gestorben bist. Ich glaube, dass ich nur durch Dich Vergebung und ewiges Leben empfangen kann. Ich bitte Dich, vergib mir meine Schuld und komm Du in mein Leben. Übernimm Du die Herrschaft. Ich möchte Dir gehören für Zeit und Ewigkeit. Amen.“

Ich wünsche mir, dass Weihnachten eine ganz neue Bedeutung für unsere Gesellschaft gewinnt. Und ich wünsche Ihnen, dass Sie entdecken, was Jesu Kommen *für Sie persönlich* bedeutet. Dass Sie entdecken können, dass Jesus Gottes großes Geschenk und sein Liebesbeweis an Sie ist!

*„Denn so hat Gott die Welt geliebt, dass er seinen eingeborenen Sohn gab, damit jeder, der an ihn glaubt, nicht verloren gehe, sondern ewiges Leben habe. Denn Gott hat seinen Sohn nicht in die Welt gesandt, damit er die Welt richte, sondern damit die Welt durch ihn errettet werde. Wer an ihn glaubt, wird nicht gerichtet; wer aber nicht glaubt, ist schon gerichtet, weil er nicht geglaubt hat an den Namen des eingeborenen Sohnes Gottes.“* (Johannes 3,16-18)

# Zweifel an Jesus?

Dem Weihnachtsfest geht eine besondere Zeit voraus: Die Adventszeit. „Advent" ist vom Lateinischen „Adventus Domini" – „Ankunft des Herrn" abgeleitet. Die Adventszeit führt einerseits zum Weihnachtsfest hin, an dem das erste Kommen Jesu gefeiert wird. Gleichzeitig wird an ihr auch deutlich, dass wir in einer „Zwischenzeit" leben: In der Zeit zwischen dem ersten und dem zweiten Kommen Jesu. D.h. ähnlich, wie schon vor 2000 Jahren das Volk Israel, so erwartet die Christenheit heute das Kommen des Messias und die Erfüllung der Verheißungen von einem ewigen Friedensreich. Die Offenbarung des Johannes will den Gläubigen gerade auch in schwierigen Zeiten nochmals versichern, dass diese Verheißungen bestimmt in Erfüllung gehen werden. In Offenbarung 1,7 heißt es: *„Siehe, er kommt mit den Wolken, und jedes Auge wird ihn sehen, auch die, die ihn durchstochen haben..."* Dennoch ist es möglich, dass sich bei uns Zweifel einschleichen – insbesondere, wenn es persönlich durch tiefe, dunkle Täler geht. Davon handelt der folgende Abschnitt aus dem Matthäus-Evangelium:

*„Als aber Johannes im Gefängnis die Werke des Christus hörte, sandte er durch seine Jünger und ließ ihm sagen: Bist du der Kommende, oder sollen wir auf einen anderen warten? Und Jesus antwortete und sprach zu ihnen: Geht hin und verkündet Johannes, was ihr hört und seht: Blinde werden wieder sehend und Lahme gehen umher, Aussätzige werden gereinigt und Taube hören und Tote werden auferweckt und Armen wird gute Botschaft verkündigt; und glückselig ist, wer irgend nicht an mir Anstoß nimmt!" (Matthäus 11,2-6)*

In diesem kurzen Bericht haben wir zwei Hauptabschnitte:
    1. Die Frage Johannes des Täufers (V.2-3)
    2. Die Antwort Jesu (V.4-6)

# 1. Die Frage Johannes des Täufers

In allen vier Evangelienberichten geht der Dienst Johannes des Täufers dem öffentlichen Dienst Jesu voraus. Gott selbst hat Johannes dazu berufen der Wegbereiter Jesu zu sein. Er hat sein Kommen, genauso wie das Kommen Jesu, bereits schon Jahrhunderte vorher im Alten Testament angekündigt. Ihre Mütter, Elisabeth und Maria kannten sich, sie waren sogar miteinander verwandt. Und auch ihre beiden Söhne, der Wegbereiter und Rufer in der Wüste, und der Messias, haben sich eines Tages persönlich kennen gelernt. Jesus war zu Johannes gekommen, um sich taufen zu lassen. Johannes erhob zunächst Einspruch dagegen und brachte zum Ausdruck, dass Jesus die Taufe nicht nötig habe, sondern vielmehr müsse er, Johannes, von Jesus getauft werden (vgl. Matthäus 3,14).

Johannes hat das Kommen des Messias öffentlich angekündigt und dabei ein paar eindrückliche Aussagen über Jesus gemacht:

*„Nach mir kommt einer, der stärker ist als ich, dem den Riemen seiner Sandalen gebückt zu lösen ich nicht wert bin. Ich habe euch mit Wasser getauft, er aber wird euch mit Heiligem Geist taufen." (Markus 1,7-8)*

*„Am folgenden Tag sieht er Jesus zu sich kommen und spricht: Siehe, das Lamm Gottes, das die Sünde der Welt wegnimmt! Dieser ist es, von dem ich sagte: Nach mir kommt ein Mann, der den Vorrang vor mir hat, denn er war vor mir." (Johannes 1,29-30)*

*„Ihr selbst gebt mir Zeugnis, dass ich sagte: Ich bin nicht der Christus, sondern dass ich vor ihm hergesandt bin. Der die Braut hat, ist der Bräutigam; der Freund des Bräutigams aber, der dasteht und ihn hört, ist hocherfreut über die Stimme des Bräutigams; diese meine Freude nun ist erfüllt. Er muss wachsen, ich aber abnehmen." (Johannes 3,28-30)*

Nun befand sich Johannes in der Endphase dieses „Abnehmens". Durch König Herodes Antipas[15] war er ins Gefängnis gesperrt worden. Der Messias war ja wirklich gekommen, und seine Mission war somit erfüllt. Doch in der Einsamkeit des Gefängnisses beschlichen Johannes Zweifel. Die Ungewissheit über sein Schicksal begann ihn zu zermürben. Er hat jahrelang allein in der Wüste gelebt, doch die Einsamkeit im Gefängnis war anders. Damals war er frei hinzugehen, wo er wollte. Jetzt war er eingesperrt und – bis auf einen sehr begrenzten und gelegentlichen Kontakt mit seinen Jüngern – von der Außenwelt abgeschnitten. In dieser Situation kamen Johannes Zweifel.

Zweifeln bedeutet, dass einem die Dinge auf einmal verwirrend erscheinen. Man hat den Weg, der gerade noch klar vor einem zu liegen schien, aus den Augen verloren. Auf einmal scheinen mehrere Möglichkeiten vorhanden zu sein, aber welche ist die Richtige?

Vermutlich kennen auch Sie Zweifel, vielleicht auch an Gott? Meist tauchen Zweifel ja nicht in den Momenten auf, wo alles glatt läuft und es uns gut geht, sondern dann, wenn es uns schlecht geht, so, wie damals Johannes dem Täufer.

Wie gehen Sie mit Ihren Zweifeln um? Verdrängen Sie sie? – „Als guter Christ darf ich ja nicht zweifeln...!" – Oder wagen Sie es, Ihre Zweifel zu formulieren und zu äußern? Was kommt Ihnen in den Sinn, wenn Glaubensgeschwister es wagen, diese Zweifel zu äußern?

In seiner Situation damals halfen Johannes die Erlebnisse und Erfahrungen, die er einst gemacht hatte, nicht mehr. In derselben Weise kann es im Leben jedes Menschen Momente geben, in denen die Dunkelheit dermaßen überhand zu nehmen droht, dass alles in Frage gestellt wird. Dass dies geschehen kann ist oft schwer zu verstehen, vor allem, wenn man solche Tiefen selbst noch nicht durchgemacht hat.

---

[15] Herodes Antipas war ein Sohn von Herodes dem Großen (der den Kindermord in Bethlehem befahl). Er regierte als Tetrarch von Galiläa und Peräa (4 v.Chr. – 39 n.Chr.) und lies Johannes den Täufer enthaupten.

Die Frage ist: Was kann uns in solchen Momenten Halt geben? Was kann uns durch solche Situationen hindurch helfen?

Ich glaube, Johannes tat das einzig Richtige in dieser Situation: Er wagte es, die Frage zu stellen, die ihn offensichtlich sehr bewegte. Er suchte eine Antwort darauf. Er suchte Gewissheit und sandte seine Jünger zu demjenigen, der sie auch beantworten konnte: zu Jesus.

Daran, dass Johannes von selbst aus aktiv wurde, wird deutlich, dass er um Gewissheit kämpfte. Er wollte nicht im Unklaren bleiben oder sich gar von seinen Zweifeln besiegen lassen! Er suchte Hilfe, bei Jesus, dem Messias – bei demjenigen, an dem er zu zweifeln begonnen hatte!

Welcher Art eventuelle Zweifel am Glauben auch sein mögen, sie sind immer auch mit Zweifeln an der Person Jesu verbunden. Daher werden wir letztlich nur echte Hilfe finden, wenn wir uns direkt an den wenden, an dem wir zu zweifeln begonnen haben: an Jesus.

Johannes konnte sich in seiner Situation nur indirekt an Jesus wenden, indem er seine Jünger zu ihm sandte. Es dauerte eine ganze Weile, bis diese von Judäa nach Galiläa gereist waren, Jesus gefunden hatten, und schließlich zu Johannes zurückgekehrt waren. So musste er die ganze Ungewissheit noch eine längere Zeit ertragen.

Der Auslöser von Johannes Frage waren die Werke, also die Taten Jesu, von denen er gehört hatte. Diese schienen ihn irgendwie zu irritieren. Er zweifelte nicht an der Verheißung als solches, dass der Messias kommen würde. Er zweifelte also nicht am Wort Gottes und den Vorhersagen des Alten Testaments. Aber er fragte sich, ob Jesus tatsächlich derjenige war, der diese Vorhersagen in diesen Tagen, also zu Johannes Lebzeiten, erfüllen würde.

Wie mag Johannes Vorstellung von Jesus als Messias ausgesehen haben? Hatte er eine ähnliche Vorstellung wie die meisten Juden seiner Zeit, d.h. die Idee eines politischen Messias, der das Königreich Israel wieder aufrichtet und das Volk von den ausländischen Besatzern befreit? – Kam diese Vorstellung in Konflikt mit der harten Realität, die er erlebte? Denn noch immer regierte einer aus der Familie König Herodes des Großen, der noch dazu von Geburt her gar kein Jude, sondern ein Idumäer, ein Nachkomme Esaus, war. Und noch immer saß Johannes – zu Unrecht – im Gefängnis, ohne Aussicht wieder freizukommen! Vielleicht plagten Johannes zusätzlich auch Zweifel an sich selbst und seinem Auftrag? War es wirklich von Gott, was er öffentlich über den Messias gesagt hatte? Und welchen "Erfolg" hatte sein Dienst letztlich gehabt? – Hatte sich dadurch etwas Wesentliches in Israel verändert? Viele Menschen waren gekommen und bezeugten ihre Umkehr zu Gott, indem sie sich taufen ließen, doch nur wenige von den führenden Männern in Israel. Auf welche greifbare "Ergebnisse" konnte Johannes zurückblicken? Kennen Sie das auch? – Situationen, in denen nicht eintrifft, was Sie sich (im Glauben) erhofft haben? Zeiten, in denen sich die Dinge nicht so entwickeln, wie Sie es erwartet haben? Wie leicht kommen in solchen Momenten Fragen auf wie: Habe ich mich irgendwie verhört in dem, was ich meinte von Gott gehört zu haben? Hatte ich falsche Vorstellungen? Oder ist es der falsche Zeitpunkt für die Erfüllung? - Derartige Erfahrungen und Fragen können einem ganz schön zu schaffen machen und auch die Beziehung mit Gott trüben.

Ein weiterer Aspekt ist, dass da im Gefängnis auch eine geistliche Auseinandersetzung stattfand. Bereits schon im Paradies hatte die Schlange gefragt: *„Hat Gott wirklich gesagt...?"* (1.Mose 3,1). Mir scheint, diese Frage stellt der Teufel mit Vorliebe. Sie ist subtil und daher sehr wirkungsvoll. Auch Johannes der Täufer war damit angreifbar. Er war eben auch nur ein Mensch und kein Übermensch. Dadurch kommt er uns nahe. Und durch seine Art, mit seinen Fragen und Zweifeln umzugehen, wird er uns sogar zur Hilfe. Denn er wandte sich damit an Jesus.

## 2. Die Antwort Jesu

Auffällig ist, dass er die Frage von Johannes nicht direkt beantwortet. Er sagt nicht: „Ich bin es" bzw. „Ich bin der Messias". In den Evangelien sehen wir, dass Jesus fast nie offen sagte, dass er der Messias sei. Das bedeutet aber keinesfalls, dass Jesus nie den Anspruch gestellt habe, der Messias zu sein! Er hatte sehr gute Gründe, warum er mit dieser Aussage mehr als vorsichtig war, und warum er auch andere aufforderte, das Messiasgeheimnis bis zu seiner Auferstehung zu hüten. Der Hauptgrund war m.E. die einseitige Vorstellung innerhalb der Bevölkerung über seine Person als Messias. Im Alten Testament finden wir sehr umfangreiche Prophetien über den Messias. In diesen Vorhersagen wird sowohl sein Leiden, Sterben und seine Auferstehung angekündigt, als auch die Aufrichtung seines Friedensreiches und die Wiederherstellung des Reiches für Israel thematisiert. Das Volk Israel hatte damals vor allem den zweiten, den politischen Aspekt im Blick. Selbst bei Jesu Jüngern war dieser Gedanke vorherrschend, wie wir an verschiedenen Stellen im Neuen Testament sehen können (Lukas 19,11; Apostelgeschichte 1,6; s.a. Markus 10,37ff; Johannes 6,14-15). Der erste Aspekt, sein stellvertretendes Leiden und Sterben war überhaupt nicht im Blick, und der Gedanke daran war sogar für die Jünger Jesu ein richtiger Schock. Sie konnten diesen Aspekt erst nach Jesu Tod und Auferstehung begreifen.

Aus diesem Grund gab Jesus Johannes eine indirekte Antwort. Trotzdem beantwortete er damit die Frage recht deutlich. – Worin bestand nun Jesu indirekte und doch eindeutige Antwort? – *„Geht hin und verkündet Johannes, was ihr hört und seht...!"*

„Was ihr hört..." – d.h. Jesu Botschaft. In den folgenden Versen fasste Jesus diese Botschaft zusammen: „Armen wird gute Botschaft verkündigt": Evangelium, d.h. die Botschaft von Erlösung und Gnade.

„Was ihr hört und seht...“ – Jesus wies darauf hin, dass seine Botschaft von Zeichen und Wundern begleitet wurde. Bemerkenswert ist, auf welche Art von Wundern Jesus hinwies: *„Blinde werden wieder sehend und Lahme gehen umher, Aussätzige werden gereinigt und Taube hören und Tote werden auferweckt...“* Nur der von den Propheten angekündigte Messias konnte solche Wunder tun.

Der Prophet Jesaja musste einerseits Gottes Gericht über das Volk Israel ankündigen, gleichzeitig durfte er aber so ausführlich, wie sonst kein anderer Prophet, Vorhersagen über den kommenden Messias machen. Mehrfach wies er auf die Wunder hin, die mit dem Kommen des Messias geschehen würden. Dabei nannte er immer wieder die Wunder, auf die Jesus auch die Jünger des Johannes hinwies. Ich möchte dies mit zwei Stellen aus Jesaja verdeutlichen:

Jesaja 29,18-19: *„Und an jenem Tag werden die Tauben die Worte des Buches hören, und aus Dunkel und Finsternis hervor werden die Augen der Blinden sehen. Und die Sanftmütigen werden ihre Freude in dem HERRN mehren, und die Armen unter den Menschen werden frohlocken in dem Heiligen Israels.“*

Jesaja 35,3-6: *„Stärkt die schlaffen Hände und macht fest die wankenden Knie! Sagt zu denen, die zaghaften Herzens sind: Seid stark, fürchtet euch nicht! Siehe, euer Gott kommt, Rache kommt, die Vergeltung Gottes! Er selbst kommt und wird euch retten. Dann werden die Augen der Blinden aufgetan und die Ohren der Tauben geöffnet werden; dann wird der Lahme springen wie ein Hirsch, und jubeln wird die Zunge des Stummen. Denn es brechen Wasser hervor in der Wüste und Bäche in der Steppe ...“* Gerade in diesen Versen wird deutlich, dass Gott selbst kommen wird, um zu retten! Wir haben hier einen von vielen Hinweisen im Alten Testament, die auf die Gottheit Jesu aufmerksam machen.

Auch der Evangelist Lukas berichtet von der Frage Johannes des Täufers (7,18-23). Dabei gibt er uns ein paar zusätzliche Informationen: „In jener Stunde heilte er viele von Krankheiten und Plagen und bösen Geistern, und vielen Blinden schenkte er das Augenlicht." (Lukas 7,21). In den Versen davor berichtet Lukas von der Auferweckung des Jünglings von Nain (7,11-17). Es ist möglich, dass die Johannesjünger, als sie zu Jesus kommen, sogar Augenzeugen dieses Ereignisses geworden sind oder davon gehört haben.

Die Zeichen, auf die Jesus verwies – und die so offensichtlich waren, waren die Zeichen des Messias. Trotz der indirekten Antwort wurde offenbar: Ja, Jesus ist es! Jesu Worte, Jesu Taten, sowie das Zeugnis der Schrift bezeugen, dass er der Messias ist! Johannes der Täufer kannte die Schrift. Daher gab ihm die Antwort Jesu eine gute Grundlage, warum er an seinem Glauben, Jesus ist wirklich der Messias, festhalten konnte.

Jesus nahm die Fragen und Zweifel von Johannes ernst. Er lies ihn nicht im Ungewissen. Er gab ihm eine Antwort, die er verstehen konnte. Gleichzeitig gründete sich Jesu Antwort auf die Schrift.

Auch heute herrscht so manche Unsicherheit über die Person Jesu. Da werden so mancherlei Zweifel geäußert: Jesus wäre nur ein Mensch gewesen. Er habe zwar ein vorbildliches Leben geführt, aber er sei nicht Gott. Dem widerspricht die Bibel, sie bezeugt uns an vielen Stellen die Gottheit Jesu.

Andere meinen: Es sei doch gar nicht nötig gewesen, dass Jesus für uns am Kreuz starb. Gott könne uns auch so vergeben. Die Geschichte klinge eher nach „kosmischem Kindesmissbrauch" anstatt nach Gottes Liebe für die Welt. Diese Meinung missachtet die Aussagen der Bibel über Gottes Heiligkeit und Gerechtigkeit. Die Strafe für die Sünde ist der Tod. Hätte Jesus nicht stellvertretend für uns bezahlt, so gäbe es keinerlei Ausweg für uns ...

Und dann gibt es da selbst Theologen, die verkünden: Jesus sei nicht wirklich (leiblich) auferstanden. Auch in der Gemeinde von Korinth wurde die Auferstehung der

Toten bezweifelt. Daher wies Paulus im 1. Korintherbrief (15,3-8) auf mehr als 500 Zeugen der Auferstehung Jesu hin, von denen die meisten zur damaligen Zeit noch lebten. Indirekt brachte Paulus damit zum Ausdruck: „Liebe Korinther, wenn ihr´s nicht glaubt, dann geht doch hin, befragt die Zeitzeugen und überprüft, ob es wahr ist!" Der Altphilologe Wolfgang Schadewaldt (1900 – 1974; er lehrte bis 1972 an der Universität Tübingen) sagte einmal: „Die Auferstehung Jesu ist das am besten bezeugte Ereignis der ganzen Antike."

Wieder andere sagen: Man wisse nicht, ob Jesus überhaupt gelebt habe. Die Existenz Jesu wird zweifelsfrei auch von nicht christlichen Geschichtsschreibern der Antike bezeugt: Flavius Josephus, Sueton, Tacitus, Plinius, ja sogar vom babylonischen Talmud.[16]

Abgesehen von dem, was ich hier kurz erwähnt habe, gibt es natürlich noch viele weitere Aussagen, die Zweifel an der Person Jesu wecken wollen. Insbesondere Menschen, die noch auf der Suche sind und noch nicht so richtig wissen, was sie nun von Jesus und der Bibel halten sollen, werden dadurch natürlich leicht verunsichert. Sollen sie das, was in der Bibel geschrieben steht, wirklich glauben? Und selbst Menschen, die bewusst in der Nachfolge Jesu leben, können dadurch mitunter verunsichert werden.

Dennoch gibt es auch heute noch gute Gründe, am Glauben an Jesus Christus festzuhalten.

Da sind zum Einen Jesu Werke, seine Taten. Auch heute tut Jesus noch Wunder, indem er Menschen auf außergewöhnliche Weise hilft, sie aus Notlagen rettet oder sogar von unheilbaren Krankheiten heilt. Das größte Wunder aber ist, dass er Menschen so tiefgreifend verändern kann, dass für alle sichtbar wird, was Paulus in 2.Korinther 5,17 schrieb: *„Daher, wenn jemand in Christus ist, da ist eine neue Schöpfung; das Alte ist vergangen, siehe, Neues ist geworden."*

Zum anderen ist da die Bibel, das Wort Gottes. Auch wenn die Bibel während der letzten beiden Jahrhunderte massiv

---

[16] Siehe z.B. F.F. Bruce, Hrsg. Von Eberhard Güting: *Ausserbiblische Zeugnisse über Jesus und das frühe Christentum.* Giessen: Brunnen, 1993.

angegriffen wurde und man versucht hat, die Wahrheit ihrer Botschaft in Frage zu stellen, brauchen wir nicht an ihrer Botschaft zweifeln. Allein die Erfüllung prophetischer Aussagen spricht eine Sprache für sich. Prof. Dr. Werner Gitt wies darauf hin, dass wir in der Bibel 3.268 prophetische Aussagen finden, die sich im Laufe der Zeit exakt erfüllt haben.[17] Er stellt die Frage: Wie groß ist die Wahrscheinlichkeit, dass sich alle 3.268 Prophetien zufällig erfüllt haben? Ausgehend von einer Grundwahrscheinlichkeit von 50% kommt er auf folgendes Ergebnis: Die Wahrscheinlichkeit liegt bei $1{,}7 \times 10^{-984}$, d.h. 0, mit 983 weiteren Nullen bevor die 17 folgt. D.h. eine sehr geringe Wahrscheinlichkeit, dass die Erfüllung all dieser Prophetien nur Zufall ist! Wir dürfen der Botschaft der Bibel vertrauen, weil sie Gottes Wort ist!

Wie schon erwähnt, heute werden so allerlei Dinge über Jesus geäußert, die uns verunsichern können. Doch nicht nur was über Jesus geäußert wird kann Zweifel säen, auch unsere eigenen Vorstellungen können uns verunsichern. Vorstellungen über Jesus, und Vorstellungen über die Art, wie er unserer Meinung nach handeln müsse.

Egal, von welcher Art Zweifel jemand betroffen ist, er darf sich jederzeit an Jesus und sein Wort wenden. Wir können außerdem andere Menschen in unserem Umfeld, die das betrifft, ermutigen, sich an Jesus zu wenden und die Bibel zu lesen. Ich bin fest davon überzeugt: So, wie Johannes, werden ehrliche Zweifler, die sich ehrlichen Herzens damit an Jesus wenden, eine Antwort finden.

Aber da gibt es noch etwas, was wir berücksichtigen müssen: Jesu Antwort fordert uns zu einer eigenen Antwort heraus!

Jesu Antwort für Johannes den Täufer endet mit den Worten: *„Glückselig wer sich nicht an mir ärgert [griech: skandalizo]!"* – Jesus redet hier vom „Skandal", vom „Ärgernis". Der Blick ins Neue Testament zeigt uns, dass

---

[17] Siehe u.a.:
http://wernergitt.de/download/Werner_Gitt/pdf/deutsch/Das_Geheimnis_der_roten_Ameise.pdf

Jesu Botschaft – obwohl sie eine frohe Botschaft ist – auch unbequem ist. Und, Jesu Aussagen waren nicht immer politisch korrekt! Auffallend ist, dass sich vor allem sehr religiöse Menschen am stärksten über Jesus geärgert haben. Es ging dabei insbesondere um seinen Anspruch. Denn als Messias ist er der König, die oberste Instanz und Autorität im Leben eines jeden Menschen. Damit verbunden ist natürlich auch die Frage nach Macht, Einfluss und Autorität, die man ungern verlieren und Jesus einräumen wollte.

An Jesu Aussagen und Jesu Selbstanspruch, der einzige Weg zu Gott zu sein (Johannes 14,6; Apostelgeschichte 4,12), nehmen heute sehr viele Anstoß. Wer versucht, diesen Aussagen die Schärfe zu nehmen, der verkündigt einen anderen Jesus und ein anderes Evangelium als die Bibel.

Die Bibel sagt auch ganz klar, dass Jesus wiederkommen wird. Noch haben wir Zeit, um unser Verhältnis zu IHM zu klären, denn unser Heil entscheidet sich an unserer Stellung zu IHM. Noch haben wir die Gelegenheit, Verunsicherung und Zweifel auszuräumen. – Nutzen wir die Zeit, um dies, wo es nötig ist, zu tun?!

An Weihnachten feiern wir die Erinnerung an das erste Kommen Jesu, das uns lange voraus von den Propheten angekündigt wurde. Und so sicher, wie sich die Verheißungen seines ersten Kommens erfüllt haben, werden sich auch die Verheißungen seiner Wiederkunft erfüllen. Wir wissen nicht, ob wir dieses Ereignis in unserer Zeit erleben werden. Aber Jesus fordert uns dazu auf, jederzeit bereit zu sein, IHM zu begegnen. Sind wir das? Sind Sie dafür bereit?

*„Wacht also, denn ihr wisst nicht, an welchem Tag euer Herr kommt. Das aber erkennt: Wenn der Hausherr gewusst hätte, in welcher Wache der Dieb kommen würde, so hätte er wohl gewacht und nicht erlaubt, dass sein Haus durchgraben würde. Deshalb auch ihr, seid bereit! Denn in einer Stunde, in der ihr es nicht meint, kommt der Sohn des Menschen."* (Matthäus 24,42-44)

# Literaturempfehlungen

William MacDonald: *Ist die Bibel Wahrheit?* Betanien, 2009. ISBN: 978-3-9355-5804-4

Willhelm Busch: *Jesus unser Schicksal.* Aussaat 2004, ISBN: 978-3-7615-5355-8

Stephen Lonetti: *Roter Faden durch die Bibel.* Betanien, 2008. ISBN: 978-3-9355-5882-2

John R. Cross: *Bist du der Einzige, der nicht weiß, was geschehen ist?* CMV Hagedorn, 2007. ISBN: 978-3-8939-7277-7

John R. Cross: *Das Lamm. Der Heilsplan Gottes für Kinder erklärt.* CMVH, 2008. ISBN: 978-1-8900-8225-3

F.F. Bruce: *Außerbiblische Zeugnisse über Jesus und das frühe Christentum.* Brunnen Verlag Gießen, 2007. ISBN: 978-3-7655-9366-6

## Internet-Adressen

**Mit Gott per DU:** www.mit-gott-per-du.ch

**6000 Punkte für den Himmel:** www.6000punkte.de

**Evangeliumsrundfunk (ERF):** www.erf.de

**Qumran & Bibel Ausstellung:** www.bibelausstellung.de

**Missionswerk Werner Heukelbach:** www.missionswerk-heukelbach.de

**Medien Schriften Dienste:** www.msd-online.ch

**Nightlight:** www.nightlight.de